宁夏第七届基础教育教学立项课题"四新"背景下数学史融入高中数学教学的实践研究（课题编号JXKT-JC-07-086）的研究成果。

高中数学史辑成

林相 ◎ 著

海峡出版发行集团
福建教育出版社

图书在版编目（CIP）数据

高中数学史辑成/林相著. —福州：福建教育出版社，2024.7（2024.10重印）
ISBN 978-7-5334-9960-0

Ⅰ.①高… Ⅱ.①林… Ⅲ.①中学数学课—教学研究—高中 Ⅳ.①633.602

中国国家版本馆 CIP 数据核字（2024）第 089917 号

Gaozhong Shuxueshi Jicheng

高中数学史辑成

林 相 著

出版发行	福建教育出版社
	（福州市梦山路 27 号　邮编：350025　网址：www.fep.com.cn）
	编辑部电话：0591-83726908
	发行部电话：0591-83721876　87115073　010-62024258）
出 版 人	江金辉
印　　刷	福州万紫千红印刷有限公司
	（福州市闽侯县南屿镇高岐村安里 6 号　邮编：350109）
开　　本	710 毫米×1000 毫米　1/16
印　　张	14.5
字　　数	220 千字
插　　页	1
版　　次	2024 年 7 月第 1 版　2024 年 10 月第 2 次印刷
书　　号	ISBN 978-7-5334-9960-0
定　　价	45.00 元

如发现本书印装质量问题，请向本社出版科（电话：0591-83726019）调换。

前　言

法国数学家庞加莱说："如果我们想要预见数学的未来，那么适当的途径是研究这门科学的历史和现状。"

在我国，早在上世纪20—50年代，著名数学史家钱宝琮先生就十分重视数学史对数学教育的价值。但是，历经百年，数学史教育现状还是不容乐观。一方面，由于受高考指挥棒的影响，绝大部分一线教师难以形成正确的教育价值观，不会主动利用时间进行数学史教学。另一方面，由于部分数学老师自身数学史知识储备不足，对数学发展历史脉络不清，恰当地融入而不是简单地加入，仍然不是一件容易的事情。

《普通高中数学课程标准（2017年版2020年修订）》（以下简称新课标）指出：在教学活动中，教师应有意识地结合相应的教学内容，将数学文化渗透在日常教学中，引导学生了解数学的发展历程，认识数学在科学技术、社会发展中的作用，感悟数学的价值，提升学生的科学精神、应用意识和人文素养；将数学文化融入教学，还有利于激发学生的数学学习兴趣，有利于学生进一步理解数学，有利于开拓学生视野、提升数学学科核心素养。

一、数学史驱动的数学课程文化

新课标指出：数学承载着思想和文化，是人类文明的重要组成部分。新课标在课程结构中强调重视数学文化，在必修、选择性必修和选修中都强调数学文化融入课程内容。数学教师要不失时机地，适当向学生渗透一些数学背景、有关典故或名人轶事等，使数学课堂引人入胜、生动活泼，提高学生学习数学的兴趣。

因此，结合2019年审定人教版高中数学A版教材（必修一、二，选择性必修一、二、三）编写一本高中数学史课外读物，作为该版教材的辅助读物，一方面能引导学生扩展阅读，开拓视野，热爱数学，实现新课标倡导的教育价值。另一方面也将丰富教师备课资源，活跃课堂教学，提高教师专业化水平。

二、数学史融入高中教学的探索成果

2013年5月，我曾向福建省教育科学规划领导小组办公室申报了福建省教育科学"十二五"规划2013年度课题《新课程背景下高中数学史融入模块教学的实践研究》。2013年7月，该课题获得立项。2015年12月，该课题顺利结题。

通过该课题研究发现，让数学史走进高中数学课堂，恰时恰点地讲述数学发展的历史，数学家的思想方法、成长经历，不但能提高学生学习数学的兴趣，而且对传承数学文化，启迪心灵智慧，提高数学课堂教学质量都大有益处。我们经过探索，认为数学史走进高中数学课堂可以有以下六条途径：

1. 用数学史知识作情境引入

如用哈雷彗星出现的时间引出等差数列的概念；用高斯的"1＋2＋…＋99＋100"的计算方法启发学生倒序相加法求和的思路；用远在两千多年前，古希腊许多学者为了解决几何三大作图问题中的"倍立方问题"，开始研究圆锥曲线，著名数学家梅内克缪斯、阿波罗尼奥斯等对圆锥曲线的研究做出的贡献等故事，引出圆锥曲线课程，并通过多媒体展示阿波罗尼奥斯在同一个圆锥上截出不同的曲线等史实作为圆锥曲线章节引言等。

2. 用数学史知识作课堂小结

如学习集合的相关知识后可把康托的个人生平和集合论思想作为课堂小结；学习函数及其表示后可把函数概念的发展历程作为课堂小结；学习对数与对数运算后介绍纳皮尔与对数的发明，引导学生思考、总结为什么要发明对数。

3. 用数学史作为阅读材料让学生自行学习

如中外历史上的方程求解、欧几里得《几何原本》与公理化方法、斐波那契数列、代数基本定理等，让学生通过阅读，相互交流，开阔视野，拓展知识面。

4. 用数学史作为作业让学生完成

如搜集数学英雄欧拉的生平事迹、成就，做一份手抄报；搜集微积分诞生的历史背景和牛顿、莱布尼茨创立微积分的方法与过程，写一份研究报告。

5. 用数学家发现定理过程作为获取新知的思路

如介绍英国数学家伍德豪斯用余弦定理来推导正弦定理；介绍提取公因式法、掐头去尾法推导等比数列的前 n 项和等。

6. 用数学史的未解名题作为前沿数学激发学生的自我探索的动力

2000 年 5 月，美国的克莱数学研究所筛选出了七大世纪数学难题（详见本书附录），并为每道题悬赏百万美元求解。这些题目包括庞加莱猜想、黎曼假设、霍奇猜想、杨—米尔理论、P 与 NP 问题、波奇和斯温纳顿—戴雅猜想、纳威厄—斯托克斯方程等，可使学生了解前沿数学，激发学习的动力。

三、数学史读物的示范推广价值

于我而言，编写数学史课外读物是一项有意义的事情。恰逢 2022 年 8 月，为响应党中央关于教育人才"组团式"帮扶国家乡村振兴重点帮扶县工作精神，受中央组织部、教育部等八部委派遣，我到宁夏回族自治区固原市第五中学开展"组团式"帮扶工作，也成立了宁夏回族自治区中小学名师工作室，为数学史课外读物的编写开拓了另一片天空。

在宁夏南部山区的帮扶过程中，我更加意识到数学史对于边远山区的学生数学课堂的重要性。通过介绍我国古代数学的伟大成就，激发民族自豪感，陶冶爱国情操，讲解阿基米德、欧拉、高斯、华罗庚、陈景润等数学家的故事，使学生感受前辈们的严谨、勤奋、坚忍不拔的求学态度，增强其自我探索的动力。

四、关于本书

本书编写期间，我在宁夏南部山区继续开展数学史融入课堂教学实践研究，同时通过引导当地师生阅读数学史课外读物，提高教与学数学的兴趣。

本书编写的高中数学史课外读物具有以下特点：(1) 与现行的 2019 年人教 A 版教材同步，尽可能不与教材中阅读材料内容重复；(2) 做到短小精悍、通俗易懂；(3) 涵盖古今中外；(4) 注重中国古代数学的介绍，培养师生爱国意识；(5) 插入数学名题与猜想，延伸知识面，拓展思维。

本书共五章，紧扣 2019 年人教 A 版必修和选择性必修五本教材中的相关知识点，呈现 51 个高中数学史专题，激发学生从教材中探索数学文化的乐趣。附录部分选取重大影响的数学事件、学科前沿知识、中国古代数学成就等，开阔学生的视野，理解数学与历史，数学与社会，数学与宇宙间的思辨关系，让学生感受到无穷无尽的思维力量。

部分人物因资料匮乏，本书未能明确标注其生卒年份，特此说明。此外，限于编写水平有限、时间仓促、经验不足等，且数学史各种书籍讲法不一，本书仍存在许多有待改进的地方。希望读者在阅读此书过程中，多提宝贵意见，以便我们再版时予以修改和完善。

林相

2024 年 1 月于福州

目 录

第一章　必修一

1. 康托与集合论 ··································· 3
2. 韦恩和韦恩图 ··································· 6
3. 德·摩根与德·摩根定律 ··························· 7
4. 中国数学界的图腾——赵爽弦图 ····················· 8
5. 函数概念的发展历史过程 ··························· 11
6. 对数的发明历史 ··································· 14
7. 自然常数 e ····································· 18
8. 悬链线与双曲函数 ································· 19
9. 科学史上的神童——阿贝尔 ························· 21
10. 数学界的"传奇战士"——伽罗瓦 ··················· 23
11. 三角学的起源与发展 ····························· 26
12. 弧度制的历史 ··································· 30

第二章　必修二

13. 向量的由来 ····································· 35
14. 一位高产的数学大师——柯西 ····················· 36
15. 余弦定理的发展历史 ····························· 39
16. 正弦定理的发展历史 ····························· 42
17. 阿基米德 ······································· 45
18. 秦九韶和三斜求积 ······························· 52

19. 复数的扩张 …………………………………………… *54*

20. 欧拉 …………………………………………………… *56*

21. 代数基本定理 ………………………………………… *64*

22. 祖暅和祖暅原理 ……………………………………… *65*

23. 欧几里得 ……………………………………………… *67*

24. 统计学的发展史 ……………………………………… *72*

25. 概率论发展简史 ……………………………………… *74*

26. 雅各布·伯努利及其家族 …………………………… *80*

第三章 选择性必修一

27. 笛卡尔 ………………………………………………… *85*

28. 费马的解析几何思想 ………………………………… *87*

29. 解析几何的产生与应用 ……………………………… *89*

30. 圆锥曲线的产生与发展 ……………………………… *92*

31. 椭圆第一定义 ………………………………………… *93*

32. 抛物线小史 …………………………………………… *95*

33. 为什么截口曲线是椭圆 ……………………………… *96*

第四章 选择性必修二

34. 谢尔宾斯基三角形 …………………………………… *101*

35. 毕达哥拉斯学派 ……………………………………… *103*

36. 斐波那契数列 ………………………………………… *105*

37. 哈雷彗星 ……………………………………………… *109*

38. 数学王子高斯 ………………………………………… *111*

39. 关于国际象棋的一个故事 …………………………… *116*

40. 数学归纳法的由来 …………………………………… *117*

41. 多米诺骨牌 …………………………………………… *119*

  42. 微积分的起源与发展 …………………………………… 120

  43. 牛顿 ………………………………………………………… 129

  44. 莱布尼茨 …………………………………………………… 133

  45. 割圆术——刘徽《九章算术注》 ……………………… 142

第五章 选择性必修三

  46. 二项式定理的前世今生 ………………………………… 147

  47. 杨辉三角 …………………………………………………… 150

  48. 早期概率论 ………………………………………………… 151

  49. 赌金分配问题 ……………………………………………… 154

  50. 科学家高尔顿 ……………………………………………… 155

  51. 最小二乘法与最小一乘法 ……………………………… 157

附录一：中国古代数学发展史 ………………………………… 161

附录二：九章算术 ……………………………………………… 171

附录三：中国古今著名数学家成就 …………………………… 181

附录四：三次数学危机 ………………………………………… 187

附录五：世界七大数学难题 …………………………………… 190

附录六：射影几何学 …………………………………………… 192

附录七：非欧几里得几何 ……………………………………… 197

附录八：数学年谱 ……………………………………………… 202

后 记 ……………………………………………………… 218

第一章 必修一

1. 康托与集合论

康托（Cantor，1845—1918），德国数学家，数学史上公认的集合论的创始人。1845年3月3日生于俄国彼得堡一个犹太商人的家庭。1856年全家迁居德国法兰克福。康托先后就学于苏黎世大学、哥廷根大学、法兰克福大学和柏林大学，主要学习哲学、数学和物理。

19世纪初，许多迫切问题得到解决后，出现了一场重建数学基础的运动。正是在这场运动中，康托开始探讨前人从未碰过的实数点集，这是集合论研究的开端。1874年，康托在著名的《克雷尔数学杂志》上发表了第一篇关于无穷集合论的革命性文章。从1874年到1884年，康托关于集合的一系列文章，奠定了集合论的基础。他对集合所下的定义是：把若干确定的、有区别的（不论是具体的或抽象的）事物合并起来，看作一个整体，其中各事物称为该集合的元素。

集合是数学的一个基本分支，在数学中占据着一个极其独特的地位，其基本概念已渗透到数学的所有领域。如果把现代数学比作一座无比辉煌的大厦，那么可以说集合论正是构成这座大厦的基石，由此可见它在数学中的重要性。其创始人康托也以其集合论的成就被誉为对20世纪数学发展影响最深的学者之一。

但是如同每一个新事物的出现一样，集合论一经问世就遭到许多数学家及其他学者的激烈反对。当时的权威数学家克罗内克（Kronecker，1823—1891）非常敌视康托的集合论思想，时间达整整十年之久，法国数学大家庞加莱（Poincare，1854—1912）则预测后一代人将把集合论当作一种疾病。在猛烈的攻击与过度的用脑思考下，康托本人一度成为这一激烈论争的牺牲品，得了精神分裂症，几次陷于精神崩溃。1918年1月6日，康托在哈勒大学附近的精神病院中去世。为什么当时数学家们这么反对康托呢？因为康托利用"一一对应"方法竟然发现了元素个数无限的集合，如 $A=\{1,2,3,4,\cdots,n,\cdots\}$，$B=\{2,4,6,8,\cdots,2n,\cdots\}$ 元素的个数一样多。发现了有理数集合与自然数集合元素一样多。然而乌云遮不住太阳，经历二十余年后，集合论最终获得了世界的公认。到 20 世纪初集合论已得到数学家们的赞同。数学家们乐观地认为从算术公理系统出发，只要借助集合论的概念，便可以建造起整个数学的大厦。在 1900 年第二次国际数学大会上，著名数学家庞加莱就曾兴高采烈地宣布："……数学已被算术化了。我们可以说，现在数学已经达到了绝对的严格。"然而这种自得的情绪并没能持续多久。英国哲学家罗素（Russell，1872—1970）就很怀疑数学的这种严密性，他经过三年的苦思冥想，于 1902 年找到了一个能简单明确证明自己观点的"罗素悖论"。不久，集合论是有漏洞的消息就迅速传遍了数学界。

罗素悖论还有一些较为通俗的版本，如理发师悖论。在某个城市中有一位理发师，他的广告词是这样写的："本人的理发技艺十分高超，誉满全城。我将为本城所有不给自己刮脸的人刮脸，我也只给这些人刮脸。我对各位表示热诚欢迎！"来找他刮脸的人络绎不绝，自然都是那些不给自己刮脸的人。可是，有一天，这位理发师从镜子里看见自己的胡子长了，他本能地抓起了剃刀，你们看他能不能给自己刮脸呢？如果他不给自己刮脸，他就属于"不给自己刮脸"的人，他就可以给自己刮脸，而如果他给自己刮脸呢，他又属于"给自己刮脸"的人，他就不可以给自己刮脸。号称"天衣无缝""绝对严密"的数学陷入了自相矛盾之中。从此整个数学的基础被动摇了，由此引发了数学史上的第三次数学危机。

危机产生后，众多数学家投入到解决危机的工作中去。1908 年，德国数学家策梅洛（Zermelo，1871—1953）提出公理化集合论，试图用集合论公理化的方法来消除悖论。他认为悖论的出现是由于康托没有把集合的概念加以限制，康托对集合的定义是含混的。策梅洛希望简洁的公理能使集合的定义及其具有的性质更为显然。策梅洛的公理化集合论后来演变成 ZF 或 ZFS 公理系统。从此原本直观的集合概念被建立在严格的公理基础之上，从而避免了悖论的出现。这就是集合论发展的第二个阶段：公理化集合论。与此相对应,在 1908 年以前由康托创立的集合论被称为朴素集合论。公理化集合论是对朴素集合论的严格处理。它保留了朴素集合论有价值的成果并消除了其可能存在的悖论,因而较圆满地解决了第三次数学危机。公理化集合论的建立,标志着著名数学家希尔伯特(Hilbert,1862—1943)所表述的一种激情的胜利!

数学名题与猜想

哥德巴赫猜想

哥德巴赫(Goldbach,1690—1764)是 18 世纪德国的数学家。他发现:任一大于 2 的偶数都可以写成两个素数的和(简称"1+1")。如:10=3+7,16=5+11 等等。他检验了很多偶数,都表明这个结论是正确的。但他无法从理论上证明这个结论是对的。1742 年 6 月 7 日,他写信给当时很有名望的大数学家欧拉(Euler,1707—1783)请他指导,欧拉回信说,他相信这个结论是正确的,但也无法证明。因为没有从理论上得到证明只是一种猜想,所以就把哥德巴赫提出的这个问题称为哥德巴赫猜想。世界上许多数学家为证明这个猜想做了很大努力,从 20 世纪 20 年代起,他们由"9+9"、"7+7"、"6+6"、"5+7"、"4+9"、"3+15"、"2+366"、"5+5"、"4+4"、"3+4"、"3+3"、"2+3"、"1+c"(c 是一个很大的自然数)、"1+5"、"1+4"、"1+3"到 1966 年中国数学家陈景润(1933—1996)证明了"1+2"。也就是任何一个充分大的偶数,都可表示成两个数的和,其中一个是素数,另一个是素数,或者是两个素数的积。"1+2"也被誉为陈氏定理。

2. 韦恩和韦恩图

约翰·韦恩（John Venn，1834—1923），是19世纪英国的哲学家和数学家。1834年出生于英格兰赫尔。1853年进剑桥大学学习，四年后获数学学士学位，在数学学位考试中获得一等第六名，不久成为剑桥大学的研究员。1859年，韦恩成为一名牧师。1862年，他又回到了剑桥大学，讲授逻辑学和概率论，对德·摩根（De Morgan，1806—1871）和乔治·布尔（George Boole，1815—1864）的逻辑学以及概率论很感兴趣并深有研究。

1880年，韦恩在《论命题和推理的图表化和机械化表现》一文中首次采用固定位置的交叉环形式，即使用封闭曲线（内部区域）表示集合及其关系的图形。1881年，他发明了韦恩图（Venn Diagram，也称文氏图）。这一开创性的表示方法，不仅有力地推动了逻辑学的发展，更重要的是，它在集合论的研究中发挥了举足轻重的作用。其实，用图形来表示集合的方法是大数学家欧拉（Euler，1707—1783）首创的，韦恩是在欧拉工作成果的基础上进行了新的改进，故韦恩图有时亦称欧拉图。

1883年，他被选为英国皇家学会会员。同年，被授予剑桥大学理学博士学位。在这之后，他的研究兴趣转向历史学。除了逻辑和历史，他还是优秀的步行者和登山者、热心的植物学家、出色的演讲者和语言学家。1923年4月4日卒于剑桥大学。

1957年，美国数学家麦克沙恩（Mcshane，1904—1989）首次给韦恩图下了定义，称其为"一个集合的符号表示法，用平面的某个部分来表示所考虑的对象，用某条封闭曲线内部的点来表示一个集合"。从那时起，韦恩图就一直沿用至今。

> **数学名题与猜想**
>
> ### 挂谷问题
>
> 由日本数学家挂谷宗一（Kakeya，1886—1947）于1917年提出，又称"挂谷转针问题"。这个问题的数学表述为：长度为1的线段在平面上做刚体移动（转动和平移），转过180度并回到原位置，扫过的最小面积是多少？

3. 德·摩根与德·摩根定律

德·摩根（De Morgan，1806—1871），英国数学家，在分析学、代数学、数学史及逻辑学等方面作出重要的贡献。从小就对数学有浓厚的兴趣，幼时曾用直尺和圆规在地面上画几何图形，并自称是在"做数学"。做礼拜时用鞋扣在教堂的长木板凳上刻欧几里得（Euclid，约前330—前275）《几何原本》最前面的命题和几个简单方程，并署名 A. De M.。

1823—1827年，德·摩根在英国剑桥大学三一学院求学期间，博览数学、哲学等书籍，加入实用知识传播会并成为该学会具有重大影响力的会员之一。1828年作《论数学学习》的演讲来阐述数学在教育中的重要地位，而这也成为了他之后工作的主题。德·摩根在伦敦大学任职期间，写下了概率论和代数等方面的论著，其中逻辑方面的贡献使他成为数理逻辑学的先声，1865年1月担任伦敦数学会第一任会长，1871年3月18日于伦敦逝世。

1859年，一部英国符号代数学著作《代数学》由英国人伟烈亚力（Wylie，1815—1887）和中国微积分先驱李善兰（1811—1882）译成中文出版，成为了中国最早的符号代数学教科书；20年后，一部名为《数学理》的英国数学著作又由英国传教士傅兰雅（Fryer，1839—1928）和中国近代翻译家赵元益（1840—1902）译成中文出版。两书的原作者就是德·摩根。德·摩根是一位颇为中国晚清知识界所熟悉的名字。后来在傅兰雅和中国近代数学的传播者华蘅芳（1833—1902）合译的概率论著作《决疑数学》之"总引"中就曾这样评价德·摩根的概率论著作："盖英国文字论决疑数理之书，其佳者为德·摩根所作，印在伦敦之丛书中（1834年），卷帙虽不多，而拉普拉斯之要式根在其中矣。"

另外，由于其编写了一部月历书，因此将月球上的一个环形山命名为德·摩根环形山。

德·摩根定律是集合论与数理逻辑中的一对非常基础的定律，它具有简洁对称的形式，也被称为反演律。德·摩根定律：若 A 和 B 是集合 U 的子集，则

(1) $(\complement_U A) \cup (\complement_U B) = \complement_U (A \cap B)$；

(2) $(\complement_U A) \cap (\complement_U B) = \complement_U (A \cup B)$。

4. 中国数学界的图腾——赵爽弦图

中国最早的一部数学著作《周髀算经》的开头，记载着一段周公向商高请教数学知识的对话。

周公问："我听说您对数学非常精通，我想请教您一下，天没有供攀登的梯子，地也没法用尺子去一段一段丈量，那么怎样才能得到关于天地的数据呢？"商高回答说："数的产生来源于对方和圆这些形体的认识。其中有一条原理：当直角三角形的一条直角边'勾'等于三，另一条直角边'股'等于四的时候，那么它的斜边'弦'就必定是五。这个原理是大禹在治水的时候

就总结出来的啊。"

从上面所引的这段对话中,我们可以清楚地知道,我国古代的人民早在几千年以前就已经发现并应用勾股定理这一重要的数学原理了。稍懂平面几何的读者都知道,所谓勾股定理,就是指在直角三角形中,两条直角边的平方和等于斜边的平方。如图所示,我们可以看到图中直角三角形用勾(a)和股(b)分别表示直角三角形的两条直角边,用弦(c)来表示斜边,则可得:勾的平方+股的平方=弦的平方,亦即 $a^2+b^2=c^2$。

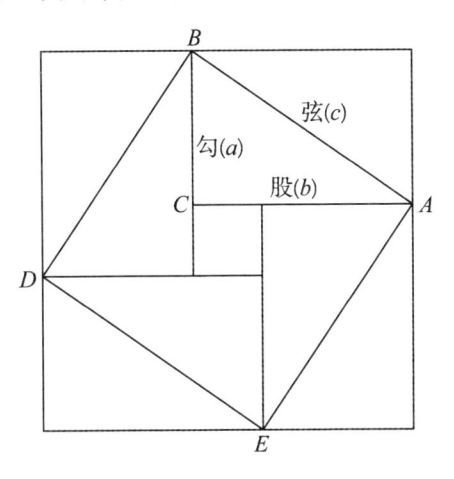

图 1-1 勾股圆方图

勾股定理在西方被称为毕达哥拉斯定理(百牛定理),相传是古希腊数学家、哲学家和天文学家毕达哥拉斯(Pythagoras,约前 580—前 500)于公元前 550 年首先发现的。其实,我国古代人民对这一数学定理的发现和应用,远比毕达哥拉斯早得多。如果说大禹治水因年代久远而无法确切考证的话,那么周公与商高的对话则可以确定在公元前 1100 年左右的西周时期,比毕达哥拉斯要早了五百多年。其中所说的勾三股四弦五,正是勾股定理的一个应用特例($3^2+4^2=5^2$)。所以现在数学界把它称为勾股定理,应该是非常恰当的。

在《九章算术》一书中,勾股定理得到了更加规范的一般性表达。书中的卷第九"勾股"说:"勾股各自乘,而开方除之,即弦。"把这段话列成算式,即为弦=$\sqrt{\text{勾的平方}+\text{股的平方}}$,亦即 $c=\sqrt{a^2+b^2}$。

中国古代的数学家们不仅早就发现并应用勾股定理,而且很早就尝试对勾股定理作理论的证明。最早对勾股定理进行证明的,是三国时期吴国的数学家赵爽(约182—250),又名婴,字君卿,是我国历史上著名的数学家与天文学家。

赵爽在数学上最主要的贡献是,深入研究《周髀算经》,不仅为该书写了序言,还作了非常详细的注解。他的工作有图为证,永载史册。所作注解中有"负薪余日,聊观《周髀》",意思是说背柴火休息下来,就研究研究《周髀算经》。赵爽创制了一幅"勾股圆方图",如图 1-1,用形数结合的方法,给出了勾股定理的详细证明。在这幅勾股圆方图中,以弦为边长的正方形 $ABDE$ 是由 4 个相等的直角三角形再加上中间的小正方形组成的。每个直角三角形的面积为 $\frac{1}{2}ab$;中间的小正方形边长为 $b-a$,则面积为 $(b-a)^2$。于是便可得如下的式子:$4\times\left(\frac{1}{2}ab\right)+(b-a)^2=c^2$;化简后便可得:$a^2+b^2=c^2$,亦即 $c=\sqrt{a^2+b^2}$。

赵爽用勾股圆方图的证明可谓别具匠心,极富创新意识。他用几何图形的截、割、拼、补来证明代数式之间的恒等关系,既具严密性,又具直观性,为中国古代以形证数、形数统一、代数和几何紧密结合、互不可分的独特风格树立了一个典范。往后的数学家大多继承了这一风格并且大有发展。例如,稍后一点的刘徽(约225—295)在证明勾股定理时也是用的以形证数的方法,只是具体图形的分合移补略有不同而已。

中国古代数学家们对于勾股定理的发现和证明,在世界数学史上具有独特的贡献和地位。尤其是其中体现出来的"形数统一"的思想方法,更具有科学创新的重大意义。事实上,"形数统一"的思想方法正是数学发展的一个极其重要的条件。正如当代中国数学家吴文俊(1919—2017)所说:"在中国的传统数学中,数量关系与空间形式往往是形影不离地并肩发展着……"17世纪笛卡尔(Descartes,1596—1650)解析几何的发明,正是中国这种传统思想与方法在几百年停顿后的重现与继续。

数学名题与猜想

孪生素数猜想

孪生素数猜想是数论中著名的未解决问题。这个猜想由希尔伯特（Hilbert，1862—1943）在1900年国际数学家大会的报告上第8个问题中正式提出，可以被描述为"存在无穷多个孪生素数"。

孪生素数即相差2的一对素数。例如3和5，5和7，11和13，…，10016957和10016959等等都是孪生素数。

素数定理说明了素数在趋于无穷大时变得稀少的趋势。而孪生素数，与素数一样，也有相同的趋势，并且这种趋势比素数更为明显。因此，孪生素数猜想是反直觉的。

由于孪生素数猜想的高知名度以及它与哥德巴赫猜想的联系，因此不断有学术共同体外的数学爱好者试图证明它。有些人声称已经证明了孪生素数猜想。然而，尚未出现能够通过专业数学工作者审视的证明。

2013年5月，华裔数学家张益唐（1955年至今）的论文《素数间的有界距离》在《数学年刊》上发表，破解了困扰数学界长达一个半世纪的难题，证明了孪生素数猜想的弱化形式，即发现存在无穷多差小于7000万的素数对。这是第一次有人证明存在无穷多组间距小于定值的素数对。

5. 函数概念的发展历史过程

自17世纪近代数学产生以来，函数的概念一直处于数学的核心位置，此外，物理和科学等其他学科的绝大部分内容与函数有关，函数关系随处可见。例如，圆柱体的体积和表面积是其半径的函数，流体膨胀的体积是温度的函数，运动物体的路程是时间的函数，等等。

17 世纪，意大利数学家、物理学家、天文学家伽俐略（Galilei，1564—1642）在《两门新科学》一书中，首次提出了函数或称为变量的关系这一概念，用文字和比例的语言表达函数的关系。1673 年前后法国哲学家、数学家、物理学家笛卡尔（Descartes，1596—1650）在他的解析几何中，已经注意到了一个变量对于另一个变量的依赖关系，但由于当时尚未意识到需要提炼一般的函数概念，因此直到 17 世纪后期，牛顿（Newton，1643—1727）、莱布尼茨（Leibniz，1646—1716）创立微积分的时候，数学家还没有明确函数的一般意义，绝大部分函数是被当作曲线来研究的。1692 年，莱布尼茨引入了函数的概念，他把函数"function"理解为幂的同义词。

1718 年，瑞士数学家约翰·伯努利（Johann Bernoulli，1667—1748）才在莱布尼茨函数概念的基础上，对函数概念进行了明确定义：由变量 x 和常量用任何方式构成的量都可以叫作变量 x 的函数，这里的"任何方式"包括了代数式子和超越式子。

1734 年，瑞士数学家欧拉（Euler，1707—1783）就给出了非常形象且一直沿用至今的函数符号 $f(x)$。1748 年，欧拉在《无穷小分析引论》中给出的定义是：变量的函数是一个解析表达式，它是由这个变量和一些常量以任何方式组成的。他把约翰·伯努利给出的函数定义称为解析函数，并进一步把它区分为代数函数（只有自变量间的代数运算）和超越函数（三角函数、对数函数以及变量的无理数幂所表示的函数），还考虑了随意函数（表示任意画出曲线的函数），不难看出，欧拉给出的函数定义比约翰·伯努利的定义更普遍、更具有广泛意义。

1822 年，法国数学家、物理学家傅里叶（Fourier，1768—1830）发现某些函数可用曲线表示，也可用一个式子表示，或用多个式子表示，从而结束了函数概念是否以唯一一个式子表示的争论，把对函数的认识又推进了一个新的层次。1823 年，法国数学家、物理学家、天文学家柯西（Cauchy，1789—1857）从定义变量开始给出了函数的定义，同时指出，虽然无穷级数是规定函数的一种有效方法,但是对函数来说不一定要有解析表达式,不过他仍然认为函数关系可以用多个解析式来表示,这是一个很大的局限,突破这一局限的是德国数学家狄利克雷(Dirichlet,1805—1859)。

1837年,狄利克雷认为怎样去建立 x 与 y 之间的关系无关紧要,他拓广了函数概念,指出:"对于在某区间上的每一个确定的 x 值,y 都有一个完全确定的值与之对应,那么 y 叫作 x 的函数。"狄利克雷的函数定义,出色地避免了以往函数定义中所有的关于依赖关系的描述,简明精确,以完全清晰的方式为所有数学家无条件地接受。至此,我们已可以说,函数概念、函数的本质定义已经形成,这就是人们常说的经典函数定义。

1859年,我国清代数学家李善兰(1811—1882)和英国传教士伟烈亚力(Wylie,1815—1887)在合译的《代微积拾级》中首次将"function"译成"函数"。

等到康托(Cantor,1845—1918)创立的集合论在数学中占有重要地位之后,美国数学家、几何学家和拓扑学家维布伦(Veblen,1880—1960)用"集合"和"对应"的概念给出了近代函数定义,通过集合概念,把函数的对应关系、定义域及值域进一步具体化了,且打破了"变量是数"的极限,变量可以是数,也可以是其他对象(点、线、面、体、向量、矩阵等)。

1914年,德国数学家豪斯道夫(Hausdorff,1868—1942)在《集合论纲要》中用"序偶"来定义函数。其优点是避开了意义不明确的"变量""对应"概念,其不足之处是又引入了不明确的概念"序偶"。波兰数学家库拉托夫斯基(Kuratowski,1896—1980)于1921年用集合概念来定义"序偶",即序偶 (a,b) 为集合 $\{\{a\},\{b\}\}$,这样,就使豪斯道夫的定义很严谨了。1930年新的现代函数定义为:若对集合 M 的任意元素 x,总有集合 N 确定的元素 y 与之对应,则称在集合 M 上定义一个函数,记为 $y=f(x)$。元素 x 称为自变量,元素 y 称为因变量。

函数概念经过两百多年的锤炼、变革,形成了函数现代定义,应该说已经相当完善了,不过数学的发展是无止境的。函数现代定义的形式并不意味着函数概念发展的历史终结,20世纪60年代以后,数学家们又给出了函数"关系定义"。

> **数学名题与猜想**
>
> ## 欧拉的遗产问题
>
> 一位老人打算按如下次序和方式分他的遗产：老大分 100 克朗和剩下遗产的十分之一；老二分 200 克朗和剩下遗产的十分之一；老三分 300 克朗和剩下遗产的十分之一；老四分 400 克朗和剩下遗产的十分之一……按这种方法一直分下去，最后，每个儿子分得一样多。问这位老人共有几个儿子？每个儿子分得多少财产？

6. 对数的发明历史

1. 对数的发明背景

16 世纪前半叶，欧洲人热衷于地理探险和海洋贸易，需要更为准确的天文知识，而天文学的研究中，需要大量繁琐的计算，特别是三角函数的连乘，让天文学家们苦不堪言。

德国数学家约翰·维尔纳（John Werner，1468—1528）首先推出了三角函数的积化和差公式，即 $\sin\alpha\sin\beta=\frac{1}{2}[\cos(\alpha-\beta)-\cos(\alpha+\beta)]$，$\cos\alpha\cos\beta=\frac{1}{2}[\cos(\alpha-\beta)+\cos(\alpha+\beta)]$。大大简化了三角函数连乘的计算。比如，计算 $\sin 67°34' \times \sin 9°3'$，可以从三角函数表查出 $\sin 67°34'=0.92432418$，$\sin 9°3'=0.15729632$。但随后的乘法的计算十分繁琐，且容易出错。用维尔纳的三角函数积化和差公式，计算就大大简便了：

$$\sin 67°34' \times \sin 9°3' = \frac{1}{2}[\cos(67°34'-9°3')-\cos(67°34'+9°3')]$$

$$= \frac{1}{2}[\cos(58°31')-\cos(76°37')]$$

$$= \frac{1}{2}[0.52225052-0.23146492]$$

$$= 0.14539280$$

这个公式还可以用于把任意两个数的乘法计算转为加减法计算，方法如下：若求小于 1 的两个数 a 与 b 的乘积可以先由反三角函数表查得使 $\sin \alpha = a$，$\sin \beta = b$ 的 α 与 β，然后计算（$\alpha-\beta$）和（$\alpha+\beta$），再由三角函数表查得 $\cos(\alpha-\beta)$ 与 $\cos(\alpha+\beta)$，最后应用上面的公式求出式子 $\cos(\alpha-\beta)-\cos(\alpha+\beta)$ 的一半，就得所要求的数。由于大于 1 的数可用小于 1 的数乘上 10^n（$n \in \mathbf{N}^*$）表示，因此上面的两个公式实际上对于任意两个数都是适宜的。

但这样做同样太繁杂了，况且还不能直接应用于除法、乘方和开方，因此，寻找更好的计算方法迫在眉睫。

2. 对数产生的前奏

请你观察下面两组数列，并找出规律：

1，2，4，8，16，32，64，128，256，512，1024，2048，4096，8192…

0，1，2，3，4，5，6，7，8，9，10，11，12，13…

德国数学家施蒂费尔（Stifel，1487—1567）在观察上述两个数列时，称上排的数为"原数"，下排的数为"代表数"。他发现，上一排数之间的乘、除运算结果与下一排数之间的加、减运算结果有一种对应关系。他指出："欲求上边任两数的积（商），只要先求出其下边代表数的和（差），然后再把这个和（差）对向上边的一个原数，则此原数即为所求之积（商）。"比如，计算 16×512，只要计算 16 的"代表数"4，512 的"代表数"9 之和 $4+9=13$，再查出与"代表数"13 相对应的"原数"8192，就得到 16×512 的乘积。实际上，施蒂费尔已经掌握了对数运算法则，因为他所谓的"代表数"，本质上是"原数"以 2 为底的对数。

说明：上一排原数可写为以 2 为底指数幂的形式，则数列对为：

2^0	2^1	2^2	2^3	2^4	2^5	2^6	2^7	2^8	2^9	2^{10}	2^{11}	2^{12}	2^{13}	…
0	1	2	3	4	5	6	7	8	9	10	11	12	13	…

则 16×128 实际上就是 $2^4 \times 2^7 = 2^{4+7} = 2^{11} = 2048$。

此法可推广到任意两个数的乘除运算。比如计算 $17951235 \times 0.08304115$，设 $17951235 = a^x$，$0.08304115 = a^y$，则 $17951235 \times 0.08304115 = a^x \times a^y = a^{x+y}$。这里 x 是 17951235（以 a 为底）的对数，y 是 0.08304115（以 a 为底）的对数。底 a 是可以任意指定的，我们指定 $a=10$，则只要查表得到这两个数的常用对数（以 10 为底的对数称为常用对数）$x = \lg 17951235 = 7.2540943323$ 和 $y = \lg 0.08304115 = -1.0807066451$，计算 $x + y = 6.1733876872$，再查表得 6.1733876872 的（以 10 为底的）指数函数，$10^{6.1733876872} = 1490691.1983$ 就得到了 17951235 和 0.08304115 的乘积。

这就是后来的"对数简化运算"的方法。但由于当时没有分数指数的概念，人们还完全想不到这样的原理。施蒂费尔尝试做任意两个数乘除时，遇到用数列不能解决的情况，他感到束手无策，他说"这个问题太狭窄了，所以不值得研究"，只好"鸣金收兵"。

3. 对数的发明

对数的概念，首先是由苏格兰数学家约翰·纳皮尔（Napier，1550—1617）提出的。那时候天文学是热门学科。可是由于数学的局限性，天文学家不得不花费很大精力去计算那些繁杂的"天文数字"，浪费了若干年甚至毕生的宝贵时间。纳皮尔也是一位天文爱好者，他感到，"没有什么会比数学的演算更加令人烦恼……诸如一些大数的乘、除、平方、立方、开方……因此我开始考虑……怎样才能排除这些障碍"。经 20 年潜心研究大数的计算技术，他终于独立发明了对数，并于 1614 年出版的名著《奇妙的对数表的描述》中阐明对数原理，后人称为纳皮尔对数。这让他在数学史上被重重地记上一笔。1616 年英国数学家布里格斯（Henry Briggs，1561—1630）去拜访纳皮尔，建议他将对数改良一下，以 10 为底的对数表最为方便，这也就是后来常用的对数了。可惜纳皮尔于隔年 1617 年春天去世，后来就由布里格斯以毕生精力继承纳皮尔的未尽事业，他于 1619 年发表了《奇妙对数规则的结构》，书中详细阐述了对数计算和造对数表的方法,1624 年出版了《对数算术》一书,公布了以 10 为底的 1—20000 和 90000—100000 的 14 位常用对数表,而 20000—90000 的常用对数表由荷兰弗拉克(Vlacg,1600—1666)于 1628 年补足。

对数表这一惊人发明很快传遍了欧洲大陆。开普勒(kepler,1571—1630)利用对数表简化了行星轨道的复杂计算。伽利略(Galilei,1564—1642)发出了豪言壮语:"给我时间、空间和对数,我可以创造出一个宇宙来。"数学家拉普拉斯(Laplace,1749—1827)说:"对数用缩短计算的时间来使天文学家的寿命加倍。"对数表曾在几个世纪内为数学家、会计师、航海家和科学家广泛使用。今天,随着计算机技术的迅猛发展,对数表、计算尺就像过时的法律一样被废弃了,但对数与指数本身已成为数学的精髓部分,也是每一个中学生必学的内容。

最早传入我国的对数著作是《比例与对数》,它是由波兰的传教士穆尼阁(Nicolas Smogulacki,1610—1656)和我国的薛凤祚(1599—1680)在 17 世纪中叶合编而成的。当时在 lg 2＝0.3010 中,2 叫作"真数",0.3010 叫做"假数",真数与假数对列成表,故称对数表。后来"假数"改称为"对数"。

现在中学数学教科书先讲"指数",后以反函数形式引出"对数"的概念。但在历史上,恰恰相反,对数概念不是来自指数,因为当时尚无分数指数及无理指数的明确概念。布里格斯曾向纳皮尔提出用幂指数表示对数的建议。

最早使用指数符号的是法国数学家笛卡尔(Descartes,1596—1650),他于 1637 年用符号 $a \wedge n$ 表示正整数幂。分数指数幂在 17 世纪初开始出现,最早使用分数指数记号的是荷兰工程师斯蒂文(Stevin,1548—1620),后又有人将其扩展到负指数,直到 18 世纪初,英国物理学家、数学家牛顿(Newton,1643—1727)开始使用 a^x 表示任意实数指数幂。这样,指数概念才由最初的正整数指数幂逐步扩展到实数指数幂。一直到 18 世纪,瑞士数学家欧拉(Euler,1707—1783)发现了指数与对数的联系,他指出"对数源于指数",这个见解很快被人们接受。

对数的发明与解析几何、微积分被公认为 17 世纪数学的三大成就。

7. 自然常数 e

e，作为数学常数，是自然对数函数的底数。它就像圆周率 π 和虚数单位 i，是数学中最重要的常数之一，也是第一个被获证为超越数的非故意构造的数。

第一次提到常数 e，是约翰·纳皮尔（Jhon Napier，1550—1617）于 1618 年出版的对数著作附录中的一张表。但它没有记录这常数，只有由它为底计算出的一张自然对数列表，通常认为是由威廉·奥特雷德（William Oughtred，1575—1660）制作。第一次把 e 看为常数的是雅各布·伯努利（Jakob Bernoulli，1654—1705）。已知第一次用到常数 e，是莱布尼茨（Leibniz，1646—1716）在 1690 年和 1691 年与惠更斯（Huygens，1629—1695）的通信中使用，以字母 b 表示。1727 年，欧拉（Euler，1707—1783）开始用 e 来表示这常数，而 e 第一次在出版物用到，是 1736 年欧拉的《力学》。虽然后来也有研究者用字母 c 表示，但 e 较常用，最终成为标准。

相对于 π 是希腊文字中圆周第一个字母，e 的由来较不为人熟知。有人甚至认为：欧拉取自己名字的第一个字母 e 作为自然对数的底。其实欧拉选择 e 的理由，较为多数人所接受的说法有二：一是在 a，b，c，d 等四个常被使用的字母后面，第一个尚未被经常使用的字母就是 e，所以，他很自然地选了这个符号，代表自然对数的底数；二是 e 为"指数"一词英文"exponential"的第一个字母，指数函数和对数函数是紧密相关的，而常数 e 作为自然对数的底数，与指数函数有密切关系，因此用 e 来表示这个常数与它的数字性质相符合。

e 就是欧拉通过极限求解而发现的，它是个无限不循环小数，其值等于 2.71828⋯。以 e 为底的对数叫做自然对数，用符号"ln"表示。当 x 趋于正无穷大或负无穷大时,"1 加 x 分之一的 x 次方"这个函数表达式 $\left(1+\dfrac{1}{x}\right)^x$ 的极限就等于 e,用公式表示,即:$\lim\limits_{x\to\pm\infty}\left(1+\dfrac{1}{x}\right)^x=e$。

数学名题与猜想

哥尼斯堡七桥问题

18世纪,在哥尼斯堡城(今俄罗斯加里宁格勒)的普莱格尔河上有 7 座桥,将河中的两个岛和河岸连结,如图 1-2 所示,A、B、C、D 均为陆地。城中的居民经常沿河过桥散步,于是提出了一个问题:能否一次走遍 7 座桥,而每座桥只许通过一次,最后仍回到起始地点。这就是哥尼斯堡七桥问题,一个著名的图论问题。

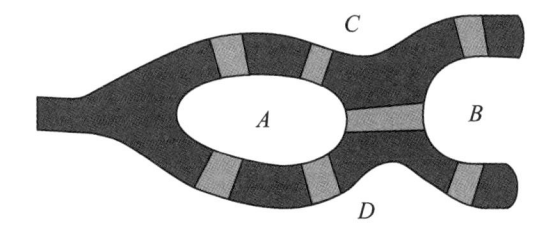

图 1-2 七桥问题

---

8. 悬链线与双曲函数

在道路沿江一侧,经常见到成排的柱子之间连以铁链,你是否想过自然下垂的铁链形状是什么曲线？也许你马上想到它是抛物线。其实，这只是重复了历史上数学家的错误而已。17世纪意大利著名数学家、物理学家、天文学家伽俐略（Galilei，1564—1642），荷兰著名数学家吉拉尔（Girard，1595—1632）都曾误认为链条的曲线是抛物线。

将一条细线固定两端点悬挂起来，它就会因为重力的作用自然形成一条曲线，这种曲线被称为悬链线。怎样确定悬链线的方程呢？历史上，连瑞士数学家雅各布·伯努利（Jakob Bernoulli，1654—1705）这样的一流数学家都一筹莫展。1690年，德国大数学家莱布尼茨（Leibniz，1646—1716）正确地给出了悬链线的曲线方程 $y=\cosh x=\dfrac{e^x+e^{-x}}{2}$，它是一条双曲余弦曲线。接着，雅各布·伯努利的弟弟约翰·伯努利（Johann Bernoulli，1667—1748）也成功解决了悬链线问题。

工程中的悬索桥、双曲拱桥、架空电缆等都用到悬链线的原理。其也进入高中教材，供学生学习和了解。通常，我们称 $\sinh x=\dfrac{e^x-e^{-x}}{2}$ 为双曲正弦函数；$\cosh x=\dfrac{e^x+e^{-x}}{2}$ 为双曲余弦函数；$\tanh x=\dfrac{e^x-e^{-x}}{e^x+e^{-x}}$ 为双曲正切函数。

可以类比三角公式得到：

(1) $(\cosh x)^2-(\sinh x)^2=1$

(2) $\sinh(x+y)=\sinh x\cosh y+\cosh x\sinh y$；$\sinh(x-y)=\sinh x\cosh y-\cosh x\sinh y$

(3) $\cosh(x+y)=\cosh x\cosh y+\sinh x\sinh y$；$\cosh(x-y)=\cosh x\cosh y-\sinh x\sinh y$

(4) $\tanh(x+y)=\dfrac{\tanh x+\tanh y}{1+\tanh x\tanh y}$；$\tanh(x-y)=\dfrac{\tanh x-\tanh y}{1-\tanh x\tanh y}$

9. 科学史上的神童——阿贝尔[1]

挪威数学家阿贝尔（Abel，1802—1829）可以称之为天才，虽然他只活了 27 年，但他留下来的思想，足够让后世数学家研究数百年！

阿贝尔出生于 19 世纪，13 岁进入一所非常严格的学校，幸运的是，阿贝尔遇到一位非常棒的数学老师霍尔姆伯（Holmboe）。这位老师发现了阿贝尔的天分，不仅教他课程标准内的数学，还教他更高等的数学知识。短短几年的时间，阿贝尔就靠着自学，在数学方面的能力已超越了他的老师。

还没上大学之前，阿贝尔就掌握了丰富的数学知识，从"学习"变成了"研究"，踌躇满志地站在数学知识的最前沿，锁定"解一元五次方程"这个课题。

1823 年，阿贝尔自费发表了相关的研究论文。这一年阿贝尔才 21 岁，按照现在的规律推算，他还只是一个大三的学生。1824 年，他发表了名为《一元五次方程没有代数一般解》的论文，并寄给了数学王子高斯（Gauss，1777—1855），可惜高斯没对他这么重要的发现做出任何响应。

后来，阿贝尔遇见了工程师克莱尔（Crelle）。克莱尔被阿贝尔的天才思维所折服，创办数学期刊《纯数学和应用数学》（后来称为《克莱尔杂志》），头几期就刊登了 22 篇阿贝尔的论文。这时 23 岁的阿贝尔慢慢在数学界有了名号。但是与此同时，阿贝尔并没有找到很好的工作，经济状况始终没得到改善，健康状况也不好。

阿贝尔对数学界有很多重大的贡献。就"一元五次方程式的求根公式"这个课题来说，有别于其他人一心想要攻克这道难关，阿贝尔则在试图攻克难关前多想了一步：先去测试这道难关到底能不能被攻克。最终，他提出的不是"解法"而是"没解法"的结论。

这个证明非常重要，等于关上了一扇通往绝路的门，让后来的数学家不用再前赴后继去做一件不可能做到的事情，可以把精力用在其他地方。

　　1827年，阿贝尔回到挪威，依然一贫如洗，这时他又患上了肺结核。1828年，四名法兰西科学院院士，紧急致信挪威国王，请他为阿贝尔创造点外部环境，可是阿贝尔也没撑到几天。1829年4月6日，他永远闭上了眼。可是才隔三天，他却接到了柏林大学的聘书，可他再也无法应聘了。阿贝尔去世后，他的老师霍尔姆伯于1839年为他出版了文集。

　　在数学界里有一个媲美诺贝尔奖的奖项，叫"阿贝尔奖"，是人们在阿贝尔过世两百年后，为了纪念他而设立的。

　　阿贝尔在数学上的突出贡献除了首次完整地给出了高于四次的一般代数方程没有一般形式的代数解的证明，还有就是他是椭圆函数论的开拓者。

参考文献：

[1] 吕雪萱. 科学史上的神童——阿贝尔 [J]. 数学小灵通（下旬刊），2022（10）：42－43.

数学名题与猜想

等周问题

　　当曲线的周长或曲面的表面积相等时，求其所围面积或体积为最大时的曲线或曲面。这个问题也叫作古典等周问题或特殊等周问题。它起源于古希腊传说，据载那时希腊人已知道曲线等周问题的解答是圆。前180年左右，古希腊数学家芝诺多罗斯（Zenodorus，前200—前140）写过一篇有关等周图形的论著，可惜已失传，其中若干命题被公元4世纪的学者帕普斯（Pappus，约3—4世纪）所记载，得以保存。1697年，瑞士数学家雅各布·伯努利（Jakob Bernoulli，1654—1705）重提等周问题，将它纳入分析学中曲线和求极值的范畴中讨论，由此引起变分法的发展。

10. 数学界的"传奇战士"——伽罗瓦[1]

埃瓦里斯特·伽罗瓦（Évariste Galois，1811—1832），法国数学家，群论的创立者。

1811年10月25日，伽罗瓦出生在巴黎的一座小镇上。他的父亲是镇长，母亲出身法律世家。伽罗瓦12岁前都没接受过学校教育，由母亲对他进行教育。1823年10月，伽罗瓦考入著名的路易皇家中学（大作家雨果就读的中学），成为一名四年级学生（那时候的法国中学学制是四年，最低年级称为四年级，最高年级称为一年级，和我们国家的年级编号正好相反）。然而，每年都能获得奖学金的学霸伽罗瓦却在一年级时自动申请退回二年级，因为中学二年级开设了初级数学班。

1828年10月，伽罗瓦进入数学专业班，遇到了第一个毫不吝啬地赞扬他数学天赋的老师。在老师的鼓励下，17岁的伽罗瓦发表了第一篇数学论文。1829年，伽罗瓦向巴黎科学院投递论文。他满怀期待地等待着审核结果，然而等来的却是负责审核的大数学家柯西（Cauchy，1789—1857）将手稿弄丢了的消息。少年首次遭遇挫折，但他还是想成为一名数学家，他立志报考巴黎综合工科学校。

那时流传着一句话："世界数学的中心在法国，法国数学的中心在巴黎综合工科学校。"这所学校培养了众多一流数学家。数学家柯西、计算几何学创始人拉梅（Lame，1795—1870）、数学全才庞加莱（Poincare，1854—1912）都出自该校。

巴黎综合工科学校只给所有考生两次考试机会。1829年，伽罗瓦参加了巴黎综合工科学校第一次入学考试。虽然他的才能完全达到了入学条件，但主考官并不看好伽罗瓦的研究，还放声嘲笑他。愤怒的伽罗瓦将黑板擦砸向主考官的头，他自然被巴黎综合工科学校拒之门外。面对心仪的学校，伽罗瓦还是舍不得放弃，1829 年 7 月 2 日，第二次考试的前夕，伽罗瓦的父亲自杀了。此时的法国正处在王朝复辟的纷争中，伽罗瓦的父亲因政治原因被迫自杀。巨大的打击使伽罗瓦在入学考试中再次失败。但生活总要继续，书还是要继续读的，1829 年 10 月 25 日，伽罗瓦报考巴黎高等师范学院并被成功录取。

进入巴黎高等师范学院后，伽罗瓦将全部精力投入数学研究中。1830 年，伽罗瓦在方程理论上取得重大进展。解方程大家都不陌生，简单的如 $x+1=2$（小学要求掌握），复杂的如 $x^2+3x+4=3$（初中要求掌握），一直到四次方程，数学家都找到了求解 x 的通用解法。五次方程的通用解法却一直没被找到，但伽罗瓦做到了！他的方法甚至开创了数学研究的一大分支：群论。1830 年 5 月，伽罗瓦再次向法国科学院提交论文。这次审核的人是大数学家傅里叶（Fourier，1768—1830），可傅里叶还没来得及打开论文就去世了，这导致伽罗瓦的手稿再次丢失。

1830 年 7 月 26 日，法国七月革命爆发，这场武装起义的参与人数高达 8 万多人。巴黎高等师范学院禁止学生参与革命，校长下令紧闭校门，阻止学生出去。伽罗瓦热心政治，为此与校长产生激烈争吵，还带领同学翻墙上街参加革命。随后，伽罗瓦加入了共和党，这是一个在当时被禁止的激进党，他们为了穷苦人民而奋斗。1830 年 11 月，19 岁的伽罗瓦又加入了"国民自卫军炮兵队"，他们一直被政府打压，国民自卫军年底就被强制解散了。1831 年 1 月 8 日，在校长的诬告下，伽罗瓦被学校开除了。祸不单行，同年 5 月，陷入政治纷争的伽罗瓦被抓入狱。最终因证据不足，伽罗瓦被释放。但此时，他已经被数学界打上了"激进政治家"的烙印，大多数人甚至不愿意承认他数学家的身份。

1831 年 7 月 14 日，伽罗瓦再次参与大规模集会游行，又一次被捕入狱。伽罗瓦的革命道路受到挫折，数学道路也不顺利。他第三次提交到法国科学院的论文终于没有再遭遇丢失的命运，然而，伽罗瓦过于崭新的理论却无人理解，那时的人们并不懂得他的成果标志着数学发展新时代的到来。作为审核人之一的泊松（Poisson，1781—1840）花了四个月时间看稿，最后签上了"完全不可理解"几个字。此时，身在监狱的伽罗瓦得知这一消息，对法国科学院彻底心灰意冷。这个当时最权威的科学院无法给他足够的尊重和认可，那就自己出书！他坚信自己的结论正确，历史终将会还他正义。伽罗瓦准备将所有研究成果编著成两部著作，在艰苦的监狱生活中，他完成了书的绪论。

1832年，霍乱在巴黎肆虐，伽罗瓦因此从监狱转入医院治病，遇上了他所认为的爱情。1832年5月27日，20岁的伽罗瓦收到一封信，准确地说是一封战书：一位年轻的军官向他提出决斗！起因则是他俩爱上了同一位少女。当时整个法国盛行"决斗文化"，一言不合就拔枪决斗的场景经常发生。拒绝决斗，往往会被视作懦夫。据统计，在拿破仑时期，法国死于决斗的人数高达8000多人。伽罗瓦知道，自己死亡的概率非常大（对方是个军官，枪法比他好得多）。在决斗前的最后时光，他将所有手稿保存好，并给好友写了一封长信，信中讨论的全是数学问题。在数学问题之间，他重复写着一句话："我没时间了……"他在天亮之前的最后几个小时写出的东西，为一个折磨了数学家们几个世纪的问题找到了真正的答案，并且开创了一片新的数学天地。

1832年5月30日，决斗开始了。两人选择俄罗斯轮盘赌的方式。伽罗瓦和军官各持一把手枪，而两把手枪中仅有一把手枪里有唯一一颗子弹。"嘭——"随着一声枪响，伽罗瓦中弹了……5月31日，20岁的伽罗瓦离开人世。他死后，他的好友遵照他的遗愿，将他的数学论文寄给德国大数学家高斯（Gauss，1777—1855）与雅可比（Jacobi，1804—1851），但都石沉大海，没有得到回应。14年后，1846年，法国数学家刘维尔（Liouville，1809—1882）才在他所创办的数学杂志上第一次发表了伽罗瓦的手稿。在伽罗瓦死后10多年，数学界才正视他的数学成就，他发明的群论更被后人称为数学发展史上的三大发明之一。天才已死，他这短暂一生中的种种遭遇让人惋惜。他生前的数学成就没能得到认可，他的满腔热血也在监狱中被磨灭殆尽。回顾他的一生，他是数学家也是战士！他孤独却又充满斗志，不被认可却顽强战斗。他留给后人的不仅仅有数学成就，还有让人每每想起就感到惋惜的一声叹息。

参考文献：

[1] 何锐，春光. 数学界的"传奇战士"[J]. 课堂内外（小学智慧数学），2021(11)：26—29.

11. 三角学的起源与发展

三角学英文名称 Trigonometry，于公元 1600 年定下名称，实际源于希腊文 trigono（三角）和 metrein（测量），其原义为三角形测量（解法），是以研究平面三角形和球面三角形的边和角的关系为基础，达到测量上的应用为目的的一门学科。早期的三角学是天文学的一部分，后来研究范围逐渐扩大，变成以三角函数为主要对象的学科。现在，三角学的研究范围已不仅限于三角形，且为数理分析之基础，研究实用科学所必需之工具。

1. 西方的发展

三角学创始于公元前约 150 年，早在公元前 300 年，古代埃及人已有了一定的三角学知识，主要用于测量。例如建筑金字塔、整理尼罗河泛滥后的耕地、通商航海和观测天象等。公元前 600 年左右，古希腊学者泰勒斯（Thales，约前 640—前 546）利用相似三角形的原理测出金字塔的高，成为西方三角测量的肇始。公元前 2 世纪后，希腊天文学家希帕霍斯（Hipparchus，约前 190—前 125）为了天文观测的需要，作了一个和现在三角函数表相仿的"弦表"，即在固定的圆内，不同圆心角所对弦长的表，他成为西方三角学的最早奠基者，这个成就使他赢得了"三角学之父"的称谓。

公元 2 世纪，希腊天文学家数学家托勒密（Ptolemy，90—168）继承希帕霍斯的成就，加以整理发挥，著成《天文学大成》13 卷，包括从 0°到 90°每隔半度的弦表及若干等价于三角函数性质的关系式，被认为是西方第一本系统论述三角学理论的著作。约同时代的梅涅劳斯（Menelaus，70—140）写了一本专门论述球三角学的著作《球面学》，内容包括球面三角形的基本概念、独特性质和许多平面三角形定理在球面上的推广。他的工作使希腊三角学达到一个新高度。

2. 中国的发展

我国古代没有出现角的概念，只用勾股定理解决了一些三角学范围内的实际问题。据《周髀算经》记载，约与泰勒斯同时代的陈子（约前 7 世纪）利用勾股定理测量太阳的高度，其方法后来称为"重差术"。1631 年，西方三角学首次输入，以德国传教士邓玉函（Johann Schreck，1576—1630）、汤若望（Johann Adam Schaii von Bell，1592—1666）和我国学者徐光启（1562—1633）合编的《大测》为代表。同年徐光启等人还编写了《测量全义》，其中有平面三角和球面三角的论述。1653 年，薛凤祚（1599—1680）与波兰传教士穆尼阁（Nicolas Smogulackl，1610—1656）合编《三角算法》，以"三角"取代"大测"，确立了"三角"名称。1877 年，华蘅芳（1833—1902）等人对三角级数展开式等问题有过独立的探讨。

3. 三角函数的演进

正弦函数、余弦函数、正切函数、余切函数、正割函数、余割函数统称为三角函数。尽管三角知识起源于远古，但是用线段的比来定义三角函数，是欧拉（Euler，1707—1783）在《无穷小分析引论》一书中首次给出的。在欧拉之前，研究三角函数大都在一个确定半径的圆内进行的。如古希腊的托勒密定半径为 60；印度人阿耶波多（Aryabhata，约 476—550）定半径为 3438；德国数学家雷格蒙塔努斯（J. Regiomontanus，1436—1476）为了精密地计算三角函数值曾定半径 600000；后来为制订更精密的正弦表又定半径为 107。因此，当时的三角函数实际上是定圆内的一些线段的长。

意大利数学家利提克斯（Litrex，1514—1574）改变了前人的做法，即过去一般称 AB 为弧 AD 的正弦，把正弦与圆牢牢地连结在一起，而利提克斯却把它称为 $\angle AOB$ 的正弦，从而使正弦值直接与角挂勾，而使圆 O 成为从属地位了。到欧拉时，才令圆的半径为 1，即置角于单位圆之中，从而使三角函数定义为相应的线段与圆半径之比。

3.1 正弦、余弦

在 $\triangle ABC$ 中，a、b、c 为角 A、B、C 的对边，R 为 $\triangle ABC$ 的外接圆半径，则有 $\dfrac{a}{\sin A}=\dfrac{b}{\sin B}=\dfrac{c}{\sin C}=2R$，称此定理为正弦定理。

正弦定理是由伊朗著名的天文学家阿布尔·威发（Abul-Wafa，940—998）首先发现与证明的。中亚细亚人阿尔比鲁尼（Al-Beruni，973—1048）给三角形的正弦定理作出了一个证明。也有说是 13 世纪的纳绥尔丁（Nasir-Eddin，1201—1274）在《论完全四边形》中第一次把三角学作为独立的学科进行论述，首次清楚地论证了正弦定理。他还指出，由球面三角形的三个角，可以求得它的三个边，或由三边去求三个角。这是区别球面三角与平面三角的重要标志。至此三角学开始脱离天文学，走上独立发展的道路。

公元 6 世纪初，印度数学家阿耶波多制作了一个第一象限内间隔 $3°45'$ 的正弦表，依照巴比伦人和希腊人的习惯，将圆周分为 360 度，每度为 60 分，整个圆周为 21600 分，然后据 $2\pi r = 216000$，得出 $r \approx 3438$，然后用勾股定理先算出 $30°$、$45°$、$90°$ 的正弦之后，再用半角公式算出较小角的正弦值，从而获得每隔 $3°45'$ 的正弦长表。其中用同一单位度量半径和圆周，孕育着最早的弧度制概念。他在计算正弦值的时候，取圆心角所对弧的半弦长，比起希腊人取全弦长更近于现代正弦概念。印度人还用到正矢和余弦，并给出一些三角函数的近似分数式。

3.2　正切、余切

著名的叙利亚天文学、数学家阿尔巴坦尼（Al-Battani，850—929）于 920 年左右制成了自 $0°$ 到 $90°$ 相隔 $1°$ 的余切表。

公元 727 年，僧一行（683—727）受唐玄宗之命撰成《大衍历》。为了求得全国任何一地方一年中各节气的日影长度，僧一行编出了太阳天顶距和八尺之竿的日影长度对应表，而太阳天顶距和日影长度的关系即为正切函数。阿拉伯天文学家、数学家巴塔尼（Al-Battani，858—929）编制的是余切函数表，而太阳高度（角）和太阳天顶距（角）互为余角，这样两人的发现实际上是一回事，但巴塔尼比僧一行要晚近 200 年。

14 世纪中叶，中亚细亚的兀鲁伯（Mirza Ulug'bek，1393—1449），原是成吉思汗的旁系后代，他组织了大规模的天文观测和数学用表的计算。他的正弦表精确到小数 9 位。他还制造了 $30°$ 到 $45°$ 之间相隔为 $1'$，$45°$ 到 $90°$ 的相隔为 $5'$ 的正切表。

在欧洲，英国数学家、坎特伯雷大主教布拉瓦丁（Bulawatin，1290—

1349）首先把正切、余切引入他的三角计算之中。

3.3 正割、余割

正割及余割这两个概念由阿布尔·威发首先引入。sec，csc 这两个符号是 1626 年荷兰数学家基拉德（Garrit，1595—1630）在他的《三角学》中首先使用，后经欧拉采用得以通行。正割、余割函数的现代定义亦是由欧拉给出的。

欧洲的文艺复兴时期，伟大的天文学家哥白尼（Copernicus，1473—1543）提出了地动学说，他的学生利提克斯见到当时天文观测日益精密，认为推算更精确的三角函数值表刻不容缓。于是他定圆的半径为 1015，以制作每隔 $10''$ 的正弦、正切及正割值表。当时还没有对数，更没有计算器，全靠笔算，任务十分繁重。利提克斯和他的助手们以坚毅不拔的意志，勤奋工作达 12 年之久，遗憾的是，他生前没能完成这项工作，直到 1596 年，才由他的学生鄂图（Otto，1550—1605）完成并公布于世，1613 年海得堡的皮蒂斯楚斯（Pitiscus，1561—1613）又修订了利提克斯的三角函数表，重新再版。后来英国数学家纳皮尔发现了对数，这就大大地简化了三角计算，为进一步造出更精确的三角函数表创造了条件。

4. 三角函数符号

意大利数学家、物理学家、天文学家毛罗利科（Maurolico，1494—1575）早于 1558 年已采用三角函数符号，但当时并无函数概念，于是称作三角线。他以 sinus 1m arcus 表示正弦，以 sinus 2m arcus 表示余弦。而首个真正使用简化符号表示三角线的人是丹麦数学家芬克（Fink，1561—1656）。他于 1583 年创立以"tangent"（正切）及"secant"（正割）表示相应之概念，其后他分别以符号"sin.""tan.""sec.""sin. com""tan. com""sec. com"表示正弦、正切、正割、余弦、余切、余割，首三个符号与现代之符号相同。

12. 弧度制的历史

弧度制的基本思想是使圆半径与圆周长有同一度量单位，然后用对应的弧长与圆半径之比来度量角度，这一思想的雏型起源于印度。印度著名数学家阿耶波多（Argabhata，约 476—550）定圆周长为 21600 分，相应地定圆半径为 3438 分（即取圆周率 $\pi=3.142$），但阿耶波多没有明确提出弧度制这个概念。

严格的弧度概念是由瑞士数学家欧拉（Euler，1707—1783）于 1748 年引入。18 世纪以前，人们一直是用线段的长来定义三角函数的。瑞士数学家欧拉在 1748 年他出版的一部划时代的著作《无穷小分析引论》中，提出三角函数是对应的三角函数线与圆半径的比值，并令圆的半径为 1，使得对三角函数的研究大为简化，这是欧拉在数学史上的重要功绩之一。其次，欧拉在上述著作的第八章中提出了弧度制的思想。他认为，如果把半径作为 1 个单位长度，那么半圆的长就是 π，所对圆心角的正弦是 0，即 $\sin \pi = 0$。同理，圆周的 $\frac{1}{4}$ 长是 $\frac{\pi}{2}$，所对圆心角的正弦是 1，记作 $\sin \frac{\pi}{2}=1$。这一思想将线段与弧的度量单位统一起来，大大简化了某些三角公式及计算。

1873 年 6 月 5 日，数学教师汤姆森（James Thomson）在北爱尔兰首府贝尔法斯特女王学院的数学考试题目中创造性地率先使用了"弧度"一词。当时，他将"半径"（radius）的前四个字母与"角"（angle）的前两个字母合在一起，构成 radian，并被人们广泛接受和引用。我国学者曾把"radian"译成"弮"（由"弧"与"径"两字的一部分拼成）。中华人民共和国成立以后，中学数学教科书中都把 radian 译作"弧度"。

1881 年，学者哈尔斯特（Halsted）等用希腊字母 ρ 表示弧度的单位；1907 年，学者包尔（Bauer）用 r 表示单位；1909 年，学者霍尔（Hall）等

又用 R 来表示单位。现在人们习惯把弧度的单位省略。

数学名题与猜想

泊松问题

某人有 12 公升酒,想把一半赠给别人,但没有 6 公升的容器,只有一个 8 公升和一个 5 公升的容器。利用这两个容器,怎样才能用最少的次数把 12 公升酒分成相等的两份?

第二章 必修二

13. 向量的由来

向量又称为矢量，最初被应用于物理学。很多物理量如力、速度、位移以及电场强度、磁感应强度等都是向量。大约公元前 350 年前，古希腊著名学者亚里士多德（Aristotle，前 384—前 322）就推算出力可以表示成向量，两个力的组合作用可用著名的平行四边形法则来得到。"向量"一词来自力学、解析几何中的有向线段。最先使用有向线段表示向量的是英国大科学家牛顿（Newton，1643—1727）。

课本上讨论的向量是一种带有几何性质的量，除零向量外，总可以画出箭头表示方向。但是在高等数学中还有更广泛的向量。例如，把所有实系数多项式的全体看成一个多项式空间，这里的多项式都可看成一个向量。在这种情况下，要找出起点和终点甚至画出箭头表示方向是办不到的。这种空间中的向量比几何中的向量要广泛得多，可以是任意数学对象或物理对象。这样，就可以将线性代数方法应用到广阔的自然科学领域中去。因此，向量空间的概念，已成了数学中最基本的概念和线性代数的中心内容，它的理论和方法在自然科学的各领域中得到了广泛的应用。而向量及其线性运算也为"向量空间"这一抽象的概念提供了一个具体的模型。

从数学发展史来看，历史上很长一段时间，空间的向量结构并未被数学家们所认识，直到 19 世纪末 20 世纪初，人们才把空间的性质与向量运算联系起来，使向量成为具有一套优良运算通性的数学体系。

向量能够进入数学并得到发展，首先应从复数的几何表示谈起。18 世纪末期，挪威测量学家威塞尔（Wessel，1745—1818）首次利用坐标平面上的点来表示复数 $a+bi$，并利用具有几何意义的复数运算来定义向量的运算。把坐标平面上的点用向量表示出来，并把向量的几何表示用于研究几何问题与三角问题。人们逐渐接受了复数，也学会了利用复数来表示和研究平面中的向量，向量就这样平静地进入了数学。1806 年，瑞士数学家阿尔冈（Argand，1768—1822）发表了复数几何方面的正式论文，创立了表示向量的符号。

但复数的利用是受限制的，因为它仅能用于表示平面，若有不在同一平面上的力作用于同一物体，则需要寻找所谓"三维复数"以及相应的运算体系。19 世纪中期，英国数学家哈密尔顿（Hamilton，1805—1865）发明了四元数（包括数量部分和向量部分），以代表空间的向量。他的工作为向量代数和向量分析的建立奠定了基础。随后，电磁理论的发现者、英国数学家、物理学家麦克思韦（Maxwell，1831—1879）把四元数的数量部分和向量部分分开处理，从而创造了大量的向量分析。

三维向量分析的开创，以及同四元数的正式分裂，是英国的吉布斯（Gibbs，1839—1903）和海维塞德（Heaviside，1850—1925）于 19 世纪 80 年代各自独立完成的。他们提出，一个向量不过是四元数的向量部分，但不独立于任何四元数。他们引进了两种类型的乘法，即数量积和向量积，并把向量代数推广到变向量的向量微积分。从此，向量的方法被引进到分析和解析几何中来，并逐步完善，成为了一套优良的数学工具。

在中国，20 世纪末，向量的部分内容才从大学数学教材下放到高中数学教材。

14. 一位高产的数学大师——柯西[1]

法国杰出的数学家柯西（Cauchy，1789—1857）出生于巴黎。柯西是历史上可数的几位大分析学家之一，他终生献身于数学研究工作，他的研究领域之广，研究成果之多，在数学史上是罕见的。

柯西的启蒙老师是他的父亲，在他父亲的精心培育下，柯西幼年就显露对数学超乎常人的聪明才智，由此引起一些大数学家对他的注意。法国著名的数学家拉格朗日（Lagrange，1736—1813）和拉普拉斯（Laplace，1749—1827）是柯西父亲的好友，与柯西家常有交往，他们见到幼时的柯西数学才能出众，曾预言柯西日后必成大器。

柯西 16 岁时就进入巴黎多科工艺学校学习，1807 年毕业。接着他又进入公路桥梁学院读书，于 1810 年毕业，在一段时间里他担任过道路交通工程师，1813 年起他开始从事科学研究和数学工作，曾执教于多科工艺学校和法国学院。1816 年他的关于粘稠液体表面波理论的研究报告，在巴黎科学院的悬赏征解中得了头奖，因而当年他就成为多科工艺学校的教授，并被选为巴黎科学院院士，时年仅 27 岁。不仅如此，柯西后来还成为了彼得堡科学院院士和英国伦敦皇家学会会员。

柯西的科学研究范围几乎包括当时数学的一切分支，他在算术和数论，代数，数学分析，微分方程，复变函数，行列式和群论，理论力学和天体力学，数学物理等方面都留下了大量的论文，发表的就有 800 多篇。巴黎科学院为他出版的柯西全集共 26 卷，在数量上仅次于欧拉（Euler，1707—1783）。

柯西的思路敏捷，解决数学问题速度极快。在一段时间内，他几乎每星期都向巴黎科学院提交一份新的研究报告。

柯西是对数学分析的批判，系统化和严格论证的起始人。1821 年，在他出版的著作《分析教程》里，历史上第一次提出了在数学分析中用极限概念严格定义函数的连续、导数和积分，并研究了无穷级数的收敛性，现在通行的数学分析教科书里普遍地沿用着柯西给出的极限的定义（$\varepsilon-N$），还有许多定理、判别法则也是以"柯西"命名的。他的另外两部著作《无穷小算法概要》《无穷小算法在几何中的应用》也具有划时代意义。

回顾一下数学分析漫长的发展历程，牛顿（Newton，1643—1727）、莱布尼兹（Leibniz，1646—1716）时代的极限概念是含混不清的，无穷小量。不论是牛顿的"刹那"，还是莱布尼兹的微分，有时是零，有时又不是零，在逻辑上不能自圆其说，直到柯西、维尔斯特拉斯（Weierstrass，1815—1897）等学者引入了严格定义，用不等式来刻画极限过程，形成极限理论，以及后来实数理论、集合论的建立才推动了函数论的发展，形成了严谨的理论。柯西对数学分析的发展，贡献是如此之巨大，称之为大分析学家是当之无愧的。

柯西的另一重要贡献是发展了由欧拉和达朗贝尔（d'Alembert，1717—1783）建立的复变函数论的原理，他证明了在复数范围内的幂级数具有收敛圆，给出了解析函数的积分表示法，即柯西积分，提出了留数理论及它在分析中的应用等。柯西和黎曼（Riemann，1826—1866）、维尔斯特拉斯是19世纪使复变函数全面发展的三位奠基者。

在微分方程方面，柯西使微分方程的理论深化了，主要贡献有：提出了微分方程论中的一个重要而具普遍性的柯西问题，对于实变量和复变量情形解存在的基本定理和一阶偏微分方程的积分法。

柯西也是行列式理论的先驱者，"行列式"这个术语就是柯西给出的。他还创造了复数的"模"及复数的"共轭"等数学名词。

在几何方面，柯西推广了多面体理论，给出了研究二阶曲面的新方法，研究了曲线的相切，长度与面积的求法，建立了分析的几何应用法则等。

他还创造了柯西不等式，无论是初等数学还是近代数学，在数学理论及其应用中，这个不等式都占有相当重要的地位。得益于柯西不等式，才能在 n 维空间引进距离和角度这两种欧几里得度量。而正是由于 n 维空间有了这两种度量，才建立起内容极其丰富的 n 维空间中的几何学与分析学，近代数学的一个分支——泛函分析正是从这里发端的。

柯西对于光学和力学也做出过许多贡献，只是由于他在数学分析方面更为巨大的成绩而不为人们所注意。事实上，他是弹性力学数学理论的创立者之一。

柯西不仅在科学研究上表现出非凡的才能，而且在个性上也展现着科学家不屈的气节。他在巴黎多科工艺学校当教授14年后的1830年，法王查理十世被逐，路易·菲利浦称帝后，要原来的在职人员作效忠宣誓，柯西讨厌君主制度，断然拒绝宣誓，因而被革去教授职位。柯西被迫离开巴黎侨居欧洲。1838年回到巴黎，法兰西学院给他提供一个要职，但效忠宣誓的要求仍成为接纳他的障碍。1848年，路易·菲利浦君主政体被推翻，成立了法兰西第二共和国，宣誓的规定废除，柯西最终又被聘为巴黎理工大学的教授。

1852年，法国又发生政变，共和国再一次变成帝国，效忠宣誓的仪式又随之全面恢复，唯独柯西和阿拉戈（Arago，1786—1853）可以免除参加宣誓仪式。

柯西是法国当时首屈一指的数学家，由于他的权威性，每当科学院需要评价数学方面的论文或报告，总是首先咨询并尊重柯西的意见。在绝大多数情况下，柯西总是以认真而公正的态度来对待这项工作，然而他也曾有过两次重大的失误。挪威青年阿贝尔（Abel，1802—1829）及法国青年伽罗华（Galois，1811—1832）先后于1826年、1828年向巴黎科学院递交具有划时代意义和价值的论文，均交由柯西负责审阅，竟两次被柯西长期搁置，而且无独有偶地都被丢失了。具有讽刺意味的是，曾那样漫不经心地对待过伽罗华的柯西，后来也追随过伽罗华的研究方向——群论，并且做了不少工作，成为群论的先驱者之一。

参考文献：

[1] 蒋省吾. 纪念柯西诞生二百周年[J]. 数学通报，1989（8）：27-28.

15. 余弦定理的发展历史[1]

根据历史，余弦定理的雏形最早出现在欧几里得（Euclid，约前330—前275）的《几何原本》中，作为勾股定理的推广而诞生。公元前3世纪，欧几里得在《几何原本》卷二中给出钝角三角形和锐角三角形三边的关系：

命题1：在钝角三角形中，钝角对边上的正方形面积大于两锐角对边上的正方形面积之和，其差为一矩形的两倍，该矩形由一锐角的对边和从该锐角（顶点）向对边延长线作垂线，垂足到钝角（顶点）之间的一段所构成。

命题2：在锐角三角形中，锐角对边上的正方形面积小于该锐角两边上的正方形面积之和，其差为一矩形的两倍，该矩形由另一锐角的对边和从该锐角（顶点）向对边作垂线，垂足到原锐角（顶点）之间的一段所构成。

命题 1 相当于，在图 2-1 所示的钝角 △ABC 中，
$$a^2 = b^2 + c^2 + 2cm \quad (a \text{ 为钝角对边}) \qquad (1)$$

命题 2 相当于，在图 2-2 所示的锐角 △ABC 中，
$$a^2 = b^2 + c^2 - 2cm \quad (a \text{ 为锐角对边}) \qquad (2)$$

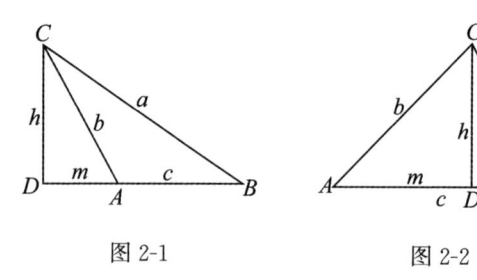

图 2-1

图 2-2

在上面两张图中，欧几里得利用勾股定理分别证明了上述定理：
$$a^2 = h^2 + (m+c)^2 = h^2 + m^2 + c^2 + 2cm = b^2 + c^2 + 2cm$$
$$a^2 = h^2 + (c-m)^2 = h^2 + m^2 + c^2 - 2cm = b^2 + c^2 - 2cm$$

在第一种情况中 $\cos(\pi - \angle CAB) = \dfrac{m}{b}$，所以 $m = -b\cos\angle CAB$，在第二种情况中 $m = b\cos A$，将它们分别代入相应的等式，就得到我们现在常见的余弦定理的三角形式：
$$a^2 = b^2 + c^2 - 2bc\cos A \qquad (3)$$

1593 年，法国数学家韦达（Viete，1540—1603）首次给出欧几里得几何命题的三角形式：在图 2-1 中，根据（1）有 $a^2 - b^2 - c^2 = 2cm$，则有 $\dfrac{1}{\sin(\angle CAB - 90°)} = \dfrac{b}{m} = \dfrac{2bc}{2cm} = \dfrac{2bc}{a^2 - b^2 - c^2}$。

在图 2-2 中，根据（2）有 $b^2 + c^2 - a^2 = 2cm$，则有 $\dfrac{1}{\sin(90° - A)} = \dfrac{b}{m} = \dfrac{2bc}{2cm} = \dfrac{2bc}{b^2 + c^2 - a^2}$。

综合二式可以得到
$$\dfrac{2bc}{b^2 + c^2 - a^2} = \dfrac{1}{\cos A} \qquad (4)$$

并且，韦达还给出了余弦定理的另一种几何形式。

根据上述证明，韦达得到"三角形底边与两腰之和的比等于两腰之差与底边被高线所分的两条线段之差的比"，被称为韦达定理，通过变形，就得到了韦达定理的三角形式：

$$b^2 = a^2 + c^2 - 2ac\cos B \quad (5)$$

之后，德国数学家皮蒂斯楚斯（Pitiscus，1561—1613）在其著作《三角学》中通过韦达定理给出已知三角形三边求三个内角的过程。

随后的 17—18 世纪，在三角学有关的著作中，余弦定理以几何形式出现居多，大部分作者在得出余弦定理时均运用了辅助圆法，由此可以说明韦达的著作对 17—18 世纪的三角学发展产生了较深的影响。并且，在这些三角学著作里都讨论了各种求解三角形问题的方法，其中，在意大利数学家卡瓦列里（Cavalieri，1598—1647）的《平面与球面三角学》中给出了：运用韦达定理解"已知三角形三边，求三个角"；运用余弦定理（三角形式）解"已知两边及其夹角，求第三边"；运用正切定理解"已知两边及其夹角，求另外两个角"；运用"正弦定理"求解"已知两边及一边对角，求另一边对角"和"已知两角及其中一角所对边，求另一角对边"。

在 19 世纪的三角学著作中，大部分给出了三角形式的余弦定理，其中推导有多种方法。从而可以看出，19 世纪后，韦达定理逐渐淡出视野，三角形式的余弦定理更为数学家关注。20 世纪 50 年代之后，开始出现了采用解析几何方法证明余弦定理，随着向量的应用发展，后面还出现了利用向量证明余弦定理的方法。

根据余弦定理发展的历史我们可以看到：余弦定理作为勾股定理的推广而诞生，最开始以几何定理的形式出现。16 世纪，韦达给出了余弦定理的三角形式。17—18 世纪，三角形式的余弦定理零星出现，数学家主要通过韦达定理求解"已知三角形三边求三个角"问题。随后，韦达定理慢慢被淡化，到 20 世纪，韦达定理被取代，三角形式的余弦定理被大家熟知。

参考文献：

[1] 保红. HPM 在高中解三角形教学中的行动研究. 西南大学硕士论文，2020（5）.

16. 正弦定理的发展历史[1]

在公元2世纪，古希腊天文学家托勒密（Ptolemy，约90—168）就已经知道正弦定理。但是，最先提出并证明平面三角形中正弦定理的是13世纪的阿拉伯数学家、天文学家纳绥尔丁（Nasir-Eddin，1201—1274）。在18世纪之前，三角函数被视为是线段，而非比值，正弦被看作是圆内与同一条弧有关的线段，因此，正弦定理基本都是通过作圆的弦而证明的。

纳绥尔丁同径法是通过构造"半弦"表示三角形内角的正弦，从而证明正弦定理。如图2-3所示，在△ABC中，将BA延长至E，CA延长至G，使得BE=CG，接下来分别以B、C为圆心，BE、CG为半径作圆，圆弧与BC分别交于点J、I，过点E、A、G分别作BC及BC延长线上的垂线，垂足为F、D、H，此时，半弦$EF=\sin \angle EBF$，$GH=\sin \angle GCH$。根据三角形的相似性，有$\dfrac{AB}{BE}=\dfrac{AD}{EF}$，所以可以得到：$\dfrac{AB}{AD}=\dfrac{BE}{EF}=\dfrac{BE}{\sin \angle EBF}$，同理可得$\dfrac{AC}{AD}=\dfrac{CG}{GH}=\dfrac{CG}{\sin \angle GCH}$，两式相除，根据$BE=CG$，可得到$\dfrac{AB}{AC}=\dfrac{\sin \angle GCH}{\sin \angle EBF}$，即$c:b=\sin \angle GCH:\sin \angle EBF$。

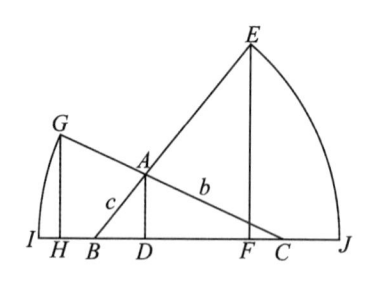

图 2-3

15 世纪，德国数学家雷格蒙塔努斯（J. Regiomontanus，1436—1476）简化了纳绥尔丁的证明。

18 世纪，英国数学家辛普森（Simpson，1710—1761）在其著作《平面与球面三角学》中进一步简化了雷格蒙塔努斯的方法。

同径法的实质是将三角形的两个内角看成是半径相同的两个圆中的正弦线，接着利用相似三角形的性质得出两者之比等于两角对边之比。

1571 年，法国数学家韦达（Vieta，1540—1603）在其著作《数学法则》中用外接圆的方法也证明了正弦定理，但是没有讨论钝角三角形的情形。18 世纪，英国数学家凯尔（Keil，1671—1721）补充了钝角三角形的情形，同样正弦定理成立。

17—18 世纪，最早采用直角三角形法的是英国数学家哈里斯（Harris，1667—1719）。他率先建立了如图 2-4 的直角三角形边角关系。这时，正弦仍然被视为线段，而不是比值。有了这种关系，哈里斯不需要再像纳绥尔丁以及后面的追随者那样，选择半径构造圆，再利用相似三角形的性质得出结论。而是通过如图所示方法证明，在 $\triangle ABC$ 中，AD 是边 BC 上的高，根据哈里斯直角三角形边角关系有：$R:\sin B=AB:AD$，$R:\sin C=AC:AD$，将两式相除，可以得到：$AB:AC=\sin C:\sin B$，即 $c:b=\sin C:\sin B$。

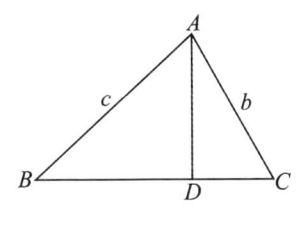

图 2-4

直角三角形法其实是由纳绥尔丁的同径法演化而成的，只是这种方法不用再选择半径并作出圆，而是作出三角形的高线，通过直角三角形的边角关系得出正弦定理，在这里，依然要用到圆的半径。

到 19 世纪，英国数学家伍德豪斯（Woodhouse，1773—1827）在哈里斯的基础上，统一将半径 R 取为 1，相当于用比值表示三角函数，直角三角形方法得到简化。如图 2-4，$\sin \angle ABC = \dfrac{AD}{AB} = \dfrac{AD}{c}$，$\sin \angle ACB = \dfrac{AD}{AC} = \dfrac{AD}{b}$，

从而得到 $AD = c\sin\angle ABC = b\sin\angle ACB$。

19 世纪，外接圆法逐渐演化为辅助直径法，如尼克松（Nixon）于 1892 年采用了下图证明，圆 O 为 $\triangle ABC$ 的外接圆，BE 为直径，过点 A 作 AD 垂直 BC 于点 D，连接 AE、CE，可以得到，$\text{Rt}\triangle ABE \sim \text{Rt}\triangle DAC$，那么有 $\dfrac{AB}{AD} = \dfrac{BE}{AC}$，即 $\dfrac{c}{AD} = \dfrac{2R}{b}$，又因为 $AD = c\sin\angle ABC = b\sin\angle ACB$，所以可得 $\dfrac{b}{\sin\angle ABC} = \dfrac{c}{\sin\angle ACB} = 2R$。

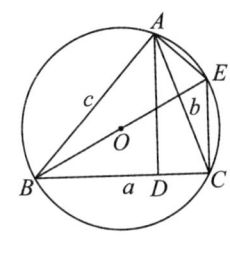

图 2-5

20 世纪初，一些教科书简化了尼克松的方法，在 $\text{Rt}\triangle ABE$ 和 $\text{Rt}\triangle DAC$ 中，直接利用直角三角形的边角关系得出 $a = 2R\sin\angle BAC$，$c = 2R\sin\angle ACB$，从而得到 $\dfrac{a}{\sin\angle BAC} = \dfrac{c}{\sin\angle ACB} = 2R$。

19 世纪后，随着三角比的普遍应用，纳绥尔丁的同径法渐渐淡出视野，韦达的外接圆法也逐渐被边缘化，当需要推导三角形三边与对角正弦值的比值时才用到这种方法，直角三角形法因为其简洁而渐渐一枝独秀。但是因为其脱离了外接圆，如果不了解正弦定理历史发展就不能直观联想到三角形三边与其对角的正弦值的比值要通过外接圆求出。

参考文献：

[1] 陈颖颖. 基于 HPM 视角的余弦、正弦定理的教学研究. 广州大学硕士论文，2022（6）.

17. 阿基米德

1. 人物简介

阿基米德（Archimedes，前 287—前 212），古希腊伟大的哲学家、百科式科学家、数学家、物理学家、力学家，静态力学和流体静力学的奠基人，并且享有"力学之父""数学之神"的美称。

阿基米德出生于西西里岛的叙拉古。阿基米德的父亲是天文学家和数学家，所以阿基米德从小受家庭影响，十分喜爱数学。大概在他九岁时，父亲送他到埃及的亚历山大城念书。亚历山大城是当时世界的知识、文化中心，学者云集，文学、数学、天文学、医学的研究都很发达，阿基米德在这里跟随许多著名的数学家学习，包括有名的几何之父——欧几里得（Euclid，约前330—前275），在此奠定了他日后从事科学研究的基础。据说他住在亚历山大里亚时期发明了阿基米德式螺旋抽水机，今天在埃及仍旧被使用着。第二次布匿战争时期，罗马大军围攻叙拉古，最后阿基米德不幸死于罗马士兵之手。他一生献身科学，忠于祖国，受到人们的尊敬和赞扬。

当时古希腊的辉煌文化已经逐渐衰退，经济、文化中心逐渐转移到埃及的亚历山大城；但是另一方面，意大利半岛上新兴的罗马共和国，也正不断地扩张势力；北非也有新的国家迦太基兴起。阿基米德就是生长在这种新旧势力交替的时代，而叙拉古城也就成为许多势力的角斗场所。

2. 主要数学作品

阿基米德流传于世的数学著作有 10 余种，多为希腊文手稿。他的著作集中探讨了求积问题，主要是曲边图形的面积和曲面立方体的体积，其体例深受欧几里得《几何原本》的影响，先是设立若干定义和假设，再依次证明。

作为数学家，他撰写了《论球和圆柱》《圆的度量》《抛物线求积》《论螺线》《论锥体和球体》《砂粒的计算》等数学著作。其中《论球和圆柱》是他的得意杰作，囊括了许多重大的成就。他从几个定义和公理出发，推出关于球与圆柱面积体积等 50 多个命题。

《平面图形的平衡或其重心》从几个基本假设出发，用严格的几何方法论证力学的原理，求出若干平面图形的重心。

阿基米德还提出过一个"群牛问题"，含有八个未知数。最后归结为一个二次不定方程。其解的数字大得惊人，共有二十多万位！

《砂粒的计算》是专讲计算方法和计算理论的一本著作。阿基米德要计算充满宇宙大球体内的砂粒数量，他运用了很奇特的想象，建立了新的量级计数法，确定了新单位，提出了表示任何大数量的模式，这与对数运算是密切相关的。

《圆的度量》利用圆的外切与内接 96 边形，求得圆周率 π 的近似值为 $\frac{22}{7}$。他还证明了圆面积等于以圆周长为底、半径为高的等腰三角形的面积，使用的是穷竭法。

《论球和圆柱》熟练地运用穷竭法证明了球的表面积等于球大圆面积的四倍；球的体积是一个圆锥体积的四倍，这个圆锥的底等于球的大圆，高等于球的半径。阿基米德还指出，如果等边圆柱中有一个内切球，则圆柱的全面积和它的体积，分别为球表面积和体积的三分之二。在这部著作中，他还提出了著名的"阿基米德公理"。

《抛物线求积》研究了曲线图形求积的问题，并用穷竭法建立了这样的结论："任何由直线和直角圆锥体的截面所包围的弓形（即抛物线），其面积都是其同底同高的三角形面积的三分之四。"他还用力学权重方法再次验证这个结论，使数学与力学成功地结合起来。

《论螺线》是阿基米德对数学的出色贡献。他明确了螺线的定义，以及螺线面积的计算方法。在同一著作中，阿基米德还导出了几何级数和算术级数求和的几何方法。

《平面的平衡》是关于力学的最早科学论著，讲的是确定平面图形和立体图形的重心问题。

《浮体》是流体静力学的第一部专著，阿基米德把数学推理成功地运用于分析浮体的平衡上，并用数学公式表示浮体平衡的规律。

《论锥体和球体》讲的是确定由抛物线和双曲线其轴旋转而成的锥型体体积，以及椭圆绕其长轴和短轴旋转而成的球型体体积。

3. 科学成就

3.1 几何学方面

阿基米德确定了抛物线弓形、螺线、圆形的面积以及椭球体、抛物面体等各种复杂几何体的表面积和体积的计算方法。在推演这些公式的过程中，他进一步发展了古希腊伟大的数学家欧多克斯（Eudoxus，约前400—前347）发明的穷竭法，就是用内接和外切的直边图形不断地逼近曲边形来解决曲面面积问题，即我们今天所说的逐步近似求极限的方法，因而被公认为微积分计算的鼻祖。他用圆内接多边形与外切多边形边数增多、面积逐渐接近的方法，比较精确地求出了圆周率。面对古希腊繁冗的数字表示方式，阿基米德还首创了记大数的方法，突破了当时用希腊字母计数不能超过一万的局限，并用它解决了许多数学难题。

3.2 天文学方面

阿基米德在天文学方面也有出色的成就。他认为地球是圆球状的，并围绕着太阳旋转，这一观点比哥白尼的"日心地动说"要早1800年。限于当时的条件，他并没有就这个问题做深入系统的研究。但早在公元前3世纪就提出这样的见解，是很了不起的。

3.3 重视实践

阿基米德和雅典时期的科学家有着明显的不同，就是他既重视科学的严密性、准确性，要求对每一个问题都进行精确的、合乎逻辑的证明；又非常重视科学知识的实际应用。他非常重视试验，亲自动手制作各种仪器和机械。他一生设计、制造了许多机器，除了杠杆系统外，值得一提的还有举重滑轮、灌地机、扬水机以及军事上用的抛石机等。被称作"阿基米德螺旋"的扬水机至今仍在埃及等地使用。

阿基米德发展了天文学测量用的十字测角器，并制成了一架测算太阳对向地球角度的仪器。他最著名的发现是浮力和相对密度原理，即物体在液体中减轻的视重，等于溢出液体的重量，后来以阿基米德原理著称于世。在几何学上，他创立了一种求圆周率的方法，即圆周的周长和其直径的关系。阿基米德是第一位讲科学的工程师，在他的研究中，使用欧几里得的方法，先假设，再以严谨的逻辑推论得到结果，他不断地寻求一般性的原则用于特殊的工程上。他的作品始终融合数学和物理，因此阿基米德成为物理学之父。他将杠杆原理应用于战争，保卫西拉斯鸠的事迹是家喻户晓的。而他也以同一原理导出部分球体的体积、回转体的体积（椭球、回转抛物面、回转双曲面）。

4. 科研教学

4.1 浮力原理的发现

关于浮力原理的发现，有这样一个故事：相传叙拉古赫农王让工匠替他做了一顶纯金的王冠。但是在做好后，国王疑心工匠做的金冠并非全金，但这顶金冠确与当初交给金匠的纯金一样重。工匠到底有没有私吞黄金呢？既想检验真假，又不能破坏王冠，这个问题不仅难倒了国王，也使诸大臣们面面相觑。经一大臣建议，国王请来阿基米德检验。最初，阿基米德也是冥思苦想却无计可施。一天，他在家洗澡，当他坐进澡盆里时，看到水往外溢，同时感到身体被轻轻托起。他突然悟到可以用测定固体在水中排水量的办法，来确定金冠的比重。他兴奋地跳出澡盆，连衣服都顾不得穿上就跑了出去，大声喊着"尤里卡！尤里卡！"（意思是"我知道了"）。

他经过了进一步的实验以后，便来到了王宫，他把王冠和同等重量的纯金放在盛满水的两个盆里，比较两盆溢出来的水，发现放王冠的盆里溢出来的水比另一盆多。这就说明王冠的体积比相同重量的纯金的体积大，密度不相同，证明了王冠里掺进了白银。

这次试验的意义远远大过查出金匠欺骗国王，阿基米德从中发现了浮力定律（阿基米德原理）：物体在液体中所获得的浮力，等于他所排出液体的重量。一直到现代，人们还在利用这个原理计算物体比重和测定船舶载重量等。

4.2 杠杆原理

阿基米德对于机械的研究源自于他在亚历山大城求学时期。有一天阿基米德在久旱的尼罗河边散步，看到农民提水浇地相当费力，经过思考之后他发明了一种利用螺旋作用在水管里旋转而把水吸上来的工具，后世的人叫它作"阿基米德螺旋提水器",埃及一直到二千年后的现在,还有人使用这种器械。这个工具成了后来螺旋推进器的先祖。当时的欧洲,在工程和日常生活中,经常使用一些简单机械,如螺丝、滑车、杠杆、齿轮等,阿基米德花了许多时间去研究,发现了"杠杆原理"和"力矩"的概念,对于经常使用工具制作机械的阿基米德而言,将理论运用到实际的生活上是轻而易举的。他自己曾说:"给我一个支点和一根足够长的杠杆,我就能撬动整个地球。"

刚好海维隆王又遇到了一个棘手的问题:国王替埃及托勒密王造了一艘船,因为太大太重,船无法放进海里,国王就对阿基米德说:"你连地球都举得起来,把一艘船放进海里应该没问题吧?"于是阿基米德立刻巧妙地组合各种机械,造出一架机具,在一切准备妥当后,将牵引机具的绳子交给国王,国王轻轻一拉,大船果然移动下水,国王不得不为阿基米德的天才所折服。

从这些历史记载的故事里我们可以明显地知道,阿基米德极可能是当时全世界对于机械的原理与运用了解最透彻的人。

4.3 当代数学大师

对于阿基米德来说,机械和物理的研究发明还只是次要的,他比较感兴趣而且投注更多时间的是纯理论上的研究,尤其是在数学和天文方面。在数学方面,他利用逼近法算出球面积、球体积、抛物线、椭圆面积,后世的数学家依据这样的逼近法加以发展成近代的微积分。他还研究出螺旋形曲线的性质,现今的"阿基米德螺线",就是为纪念他而命名。另外他在《恒河沙数》一书中,创造了一套记大数的方法,简化了记数的方式。

阿基米德在他的著作《论杠杆》(可惜失传)中详细地论述了杠杆的原理。有一次叙拉古国王对杠杆的威力表示怀疑,他要求阿基米德移动载满重物和乘客的一艘新三桅船。阿基米德叫工匠在船的前后左右安装了一套设计精巧的滑车和杠杆。阿基米德叫 100 多人在大船前面,抓住一根绳子,他让国王牵动一根绳子,大船居然慢慢地滑到海中。群众欢呼雀跃,国王也高兴异常,当众宣布:"从现在起,我要求大家,无论阿基米德说什么,都要相信他!"阿基米德还曾利用抛物镜面的聚光作用,把集中的阳光照射到入侵叙拉古的罗马船上,让它们自己燃烧起来。罗马的许多船只都被烧毁了,但罗马人却找不到失火的原因。900 多年后,有位科学家按史书介绍的阿基米德的方法制造了一面凹面镜，成功地点着了距离镜子 45 米远的木头，而且烧化了距离镜子 42 米远的铝。所以，许多科技史家通常都把阿基米德看成是人类利用太阳能的始祖。

4.4 天文研究

阿基米德曾运用水力制作一座天象仪，球面上有日、月、五大行星、其他星辰，根据记载，这个天象仪不但运行精确，连何时会发生月蚀、日蚀都能加以预测。晚年的阿基米德开始怀疑地球中心学说，并猜想地球有可能绕太阳转动，这个观念一直到哥白尼时代才被人们提出来讨论。

公元前 3 世纪末，正是罗马帝国与北非迦太基帝国为了争夺西西里岛的霸权而开战的时期。身处西西里岛的叙拉古一直都是投靠罗马，但是西元前 216 年迦太基大败罗马军队，叙拉古的新国王（海维隆二世的孙子继任），立即见风转舵与迦太基结盟，于是罗马帝国派马塞拉斯将军领军从海路和陆路同时进攻叙拉古，阿基米德眼见国土危急，护国的责任感促使他奋起抗敌，于是他绞尽脑汁，日以继夜地发明御敌武器。

根据一些年代较晚的记载，当时他造了巨大的起重机，可以将敌人的战舰吊到半空中，然后重重摔下使战舰在水面上粉碎；同时阿基米德也召集城中百姓手持镜子排成扇形，将阳光聚焦到罗马军舰上，烧毁敌人船只；他还利用杠杆原理制造出一批投石机，凡是靠近城墙的敌人，都难逃他的飞石或标枪。这些武器使得罗马军队惊慌失措、人人害怕，连大将军马塞拉斯都苦笑地承认："这是一场罗马舰队与阿基米德一人的战争""阿基米德是神话中的百手巨人"。

5. 伟人之死

5.1 死因

公元前 212 年，罗马军队进入了叙拉古。关于他的死，有三个版本。

版本一：罗马士兵闯入阿基米德的住宅，看见一位老人在地上埋头作几何图形，可阿基米德却对他的到来没有反应，士兵拿刀子在他眼前晃了晃，阿基米德才反应过来。只见他没有逃，而是对士兵说，你们等一等再杀我，我不能给世人留下不完整的公式！还没等他说完，士兵就杀了他。他是带着遗憾死去的。还有一种说法是，罗马士兵闯入了阿基米德的住宅，看见一位老人正在自家宅前的地上画图研究几何问题,一个罗马战士走近沉思中的阿基米德,把地上所画的图形踩坏了。阿基米德说:"走开,别动我的图!"战士一听十分生气,于是拔出刀来,朝阿基米德身上刺下去,于是一代伟人就这样去世了。

版本二:一个罗马士兵突然出现在他面前,命令他到马塞拉斯那里去,遭到阿基米德的严词拒绝,于是阿基米德不幸死在了这个士兵的刀剑之下。

版本三:在战争失败后,阿基米德对现实采取了学者的超然漠视的态度,专心致力于数学问题的研究。有一天,阿基米德坐在残缺的石墙旁边,正在沙地上画着一个几何图形。一个罗马士兵命令阿基米德离开,他傲慢地做了个手势说:"别把我的圆弄坏了!"罗马士兵勃然大怒,马上用刀一刺,就杀死了这位古代科学家阿基米德。

无论他是怎么死的,感到最为惋惜的就是那位罗马军队的统帅马塞拉斯,他为阿基米德举行了隆重的葬礼。

5.2 怀念

马塞拉斯对于阿基米德的死深感悲痛。他将杀死阿基米德的士兵当作杀人犯予以处决,并为阿基米德修了一座陵墓,在墓碑上根据阿基米德生前的遗愿,刻上了"圆柱容球"这一几何图形。随着时间的流逝,阿基米德的陵墓被荒草湮没了。后来,西西里岛的会计官、政治家、哲学家西塞罗(前106—前43)游历叙拉古时,在荒草中发现了一块刻有圆柱容球图形的墓碑,依此辨认出这就是阿基米德的坟墓,并将它重新修复了。

6. 世界影响

阿基米德的几何著作是希腊数学的顶峰。他把欧几里得严格的推理方法与柏拉图鲜艳的丰富想象和谐地结合在一起,达到了至善至美的境界,从而"使得往后由开普勒、卡瓦列利、费马、牛顿、莱布尼茨等人继续培育起来的微积分日趋完美"。阿基米德通过大量实验发现了杠杆原理,又用几何演泽方法推出许多杠杆命题,给出严格的证明,其中就有著名的"阿基米德原理"。他在数学上也有着极为光辉灿烂的成就,特别是在几何学方面。他的数学思想中蕴涵着微积分的思想,他所缺的是极限概念,但其思想实质却伸展到17世纪趋于成熟的无穷小分析领域里去,预告了微积分的诞生。正因为他的杰出贡献，美国的贝尔在《数学人物》上是这样评价阿基米德的：任何一张开列有史以来三个最伟大的数学家的名单之中，必定会包括阿基米德，而另外两位通常是牛顿和高斯。

除了伟大的牛顿和爱因斯坦，再没有一个人像阿基米德那样为人类的进步做出过这样大的贡献。而且牛顿和爱因斯坦也都曾从他身上汲取过智慧和灵感。他是"理论天才与实验天才合于一人的理想化身"，文艺复兴时期的达·芬奇和伽利略等人都拿他来做自己的楷模。

18. 秦九韶和三斜求积[1]

南宋数学家秦九韶（1208—1268），字道古，南宋普州安岳（今四川安岳）人，祖籍鲁郡（今河南范县），我国宋元"数学四大家"（秦九韶、李冶、杨辉、朱世杰）之一，以《数书九章》（1247）闻名于世，其"正负开方术"（高次方程数值解法）和"大衍求一术"（一次同余方程组解法，西方称中国剩余定理）达到了当时世界数学的最高水平。被美国著名的科学史家萨顿（Sarton，1884—1956）称为"他那个民族，那个时代，并且确实也是所有时代最伟大的数学家之一"。足见世人对其数学成就的敬仰。在《数书九章》卷五"田域类"中有一道题目：问沙田一段，有三斜。其小斜一十三里，中斜一十四里，大斜一十五里。里法三百步。欲知为田几何？这个问题相当于已知三角形的三条边，求其面积。随后秦九韶给了解法公式：$S=\sqrt{\frac{1}{4}\left[c^2a^2-\left(\frac{c^2+a^2-b^2}{2}\right)^2\right]}$，该公式被称为"三斜求积"公式。这个公式与古希腊著名的海伦公式：$s=\sqrt{p(p-a)(p-b)(p-c)}$，$p=\frac{1}{2}(a+b+c)$是等价的。

秦九韶父亲秦季槱进士出身，任巴州太守。1219 年 3 月兴元（今陕西汉中市）等地发生兵变，侵犯巴州，秦季槱兵乱中弃城而去，而后到了都城临安（今浙江省杭州市）任工部郎中，随后在秘书省及国史院等任职，为秦九韶的学习提供了便利条件，其间秦九韶曾师从陈元靓、李刘等大家。

1225 年 6 月，秦季槱到潼川（今重庆涪陵）工作，秦九韶随父前行。次年，秦九韶在潼川府下属郪县任义兵首（协助县尉做治安工作）。1229 年 10 月，秦九韶升职为郪县县尉，负责县内的治安。秦九韶的仕途并不顺利，随着元兵的入侵，秦九韶逃离了潼川，辗转多地任职，直至 1244 年 11 月，秦母去世，秦九韶解职守孝三年。在此三年里，秦九韶完成了《数书九章》的撰写。

《数书九章》分 9 类，共 81 道题目，遍及天文历法、雨雪测量、田地面积、田赋户税、建筑施工、兵营布置等，可谓包罗万象。所有问题都是从改善国家及民生入手的，具有很强的实用性，彰显了他的国民意识。

1248 年起，秦九韶因历法上取得的成就被推荐到朝廷，受到了皇上接见。接下来的仕途似乎一片光明，实际上却更为坎坷。其中有两位关键人物：吴潜与贾似道。吴潜是南宋末年大文豪，也是一位朝廷要员。吴潜于 1251 年 3 月入京为参知政事，拜右丞相兼枢密使，但随后被贾似道等人排挤，而此时秦九韶已经投入吴潜幕府。贾似道也是南宋晚期重要权相。1258 年正月，秦九韶拿着贾似道的推荐书去投靠李曾伯，李曾伯任命其代理琼州守，为官几个月，被人状奏朝廷，随后被罢免，之后由吴潜推荐到平江府筹粮，又遭弹劾免职。1260 年，秦九韶被任命知临江军（今江西清江），刘克庄状奏朝廷，写下了《缴秦九韶知临江军奏状》，随后秦九韶去职。之后在梅州任了地方官，直至去世。

由此可见，在那个尔虞我诈的南宋晚年，秦九韶被卷入了可怕的政治斗争，各种利益斗争致使秦九韶像一叶孤舟飘荡在不平的风波中处处受阻。刘克庄的《缴秦九韶知临江军奏状》就是在这种情况下写出来的，它是宋理宗、贾似道打击吴潜抵抗派活动的一部分，是适应贾似道的政治需要而产生的，我们大可不必深信。相反我们从《数书九章》中看到的是一个忧国忧民、胸怀大志、身体力行，将数学应用于国家建设、行政管理的实践派形象。

越来越多的人缅怀这位旷世奇才，2000 年 12 月 1 日坐落在其出生地——

四川安岳县的秦九韶纪念馆正式开馆。

参考文献：

[1] 周志鹏. "三斜求积"与秦九韶[J]. 中学数学月刊，2023（2）：57+60.

19. 复数的扩张

复数概念的进化是数学史中最奇特的一页，数学家们没有等待实数的逻辑基础建立，就已经去尝试新数的征程。

1545 年，欧洲人面临一个新的"怪物"的挑战。意大利人卡尔达诺（Cardano，1501—1576）在所著《重要的艺术》（1545）中提出一个问题："把 10 分成两部分，使其乘积为 40。"这需要解方程 $x(10-x)=40$，他求得的根是 $5\pm\sqrt{-15}$。然后他说："不管会受到多大的良心责备，把 $5+\sqrt{-15}$ 和 $5-\sqrt{-15}$ 相乘，就是能得到 $25-(-15)=40$。"但是他又说"算术就是这样神妙地搞下去，它的目标，正如常言所说，是又精致又不中用的。"

笛卡尔（Descartes，1596—1650）也放弃复根，但创造出了"虚数"这个名称。

对复数的模糊认识，莱布尼茨（Leibniz，1646—1716）的说法最有代表性："神灵在分析的奇观中找到了超凡的显示，这就是那个理想世界的征兆，那个介于存在与虚幻之间的两栖物，那个 -1 的平方根我们称之为虚的。"

瑞士数学大师欧拉（Euler，1707—1783）说："一切形如 $\sqrt{-1}$，$\sqrt{-2}$ 的数学式子都是不可能有的……它们纯属虚幻。"但欧拉在他的《微分公式》（1777）一文中第一次用 i 来表示 $\sqrt{-1}$，首创了用符号 i 作为虚数的单位。

直到 18 世纪，数学的各种推理步骤中用了复数，结果都被证明是正确的，数学家们才稍稍建立了一些对复数的信心。

法国数学家达朗贝尔（d'Alembert，1717—1783）在 1747 年指出，按照多项式的四则运算规则对虚数进行运算，它的结果总是同样的形式。

特别是 1799 年，高斯（Gauss，1777—1855）关于"代数基本定理"的证明必须依赖对复数的承认，从而使复数的地位得到了进一步的巩固。

当然，人们对"复数"并没有完全消除顾虑。甚至在 1831 年，德·摩根（De Morgan，1806—1871）依然认为："……已经证明了记号是没有意义的，甚至是自相矛盾、荒唐可笑的。然而……代数的一般规则可以应用于这些式子（复数）……"

在使人们接受复数方面，高斯的工作更为有效。他将 $a+bi$ 表示为复平面上的一点 (a, b)，并阐述了复数的几何加法和乘法。他说几何表示可以使人们对虚数有一个真正的新看法，他还引进术语"复数"来与虚数相对应，并用 i 代替 $\sqrt{-1}$。

在澄清复数概念的工作中，爱尔兰数学家哈米尔顿（Hamilton，1805—1865）有非常重要的贡献。他所关心的是算术逻辑，而不满足于几何直观。他指出：复数 $a+bi$ 不是 2+3 意义上的和，bi 不能加到 a 上去，加号的使用是历史的偶然。他以复数 $a+bi$ 作为有序实数对 (a, b)，给出了有序实数对的四则运算，这些运算同时满足结合律、交换律和分配律。在这样的观点下，复数完全被有逻辑地建立在实数基础上，从而把复数的最后一点神秘完全消除了。

复数的概念澄清以后，新的问题是：是否还能在保持复数基本性质的条件下对复数进行新的扩张呢？答案是否定的。

哈米尔顿在寻找三维空间复数的类似物时，发现必须做两个让步：第一，新数要包含四个分量；第二，必须牺牲乘法交换律。这两个特点都是对传统数系的革命。他称这新的数为"四元数"。

1878 年，富比尼（Frobenius，1849—1917）证明：具有有限个原始单元的、有乘法单位元的实系数线性组合代数，如果服从结合律，那就只有实数，复数和实四元数的代数。

"四元数"的发明，打开了通向抽象代数的大门，同时也宣告在保持传统运算定律的意义下，复数是数系扩张的终点。

数学名题与猜想

四色问题

  四色问题又称四色猜想、四色定理，是世界近代三大数学难题之一。1852年，毕业于伦敦大学的格斯里（Francis Guthrie）来到一家科研单位搞地图着色工作时，发现每幅地图都可以只用四种颜色着色。这个结论能不能从数学上加以严格证明呢？

  随后，很多数学家对该问题展开了讨论，但证明都未成功。直到1976年，数学家凯尼斯·阿佩尔（K. Appel，1932—2013）和沃夫冈·哈肯（W. Haken，1928—2022）借助电子计算机首次得到一个完全的证明，四色问题也终于成为四色定理。

  这是首个主要借助计算机证明的定理。这个证明一开始并不为许多数学家接受，因为不少人认为这个证明无法用人手直接验证。尽管随着计算机的普及，数学界对计算机辅助证明接受度更大了，但仍有数学家希望能够找到更简洁或不借助计算机的证明。

20. 欧拉

1. 人物简介

  欧拉（Euler，1707—1783），瑞士数学家和物理学家，近代数学先驱之一。1707年欧拉生于瑞士的巴塞尔，13岁时入读巴塞尔大学，师从约翰·伯努利（Johann Bernoulli，1667—1748），17岁成为这所大学有史以来最年轻的硕士，18岁发表论文，19岁获法兰西科学院奖金。欧拉是数学史上最多产的数学家之一，平均每年写出 800 多页的论文，还写了大量的力学、分析学、几何学等课本，《无穷小分析引论》《微分学原理》《积分学原理》等都成为数学中的经典著作。欧拉对数学的研究如此广泛，因此在许多数学的分支中也可经常见到以他的名字命名的重要常数、公式和定理。1783 年 9 月 18 日于俄国彼得堡去逝。

欧拉一生大部分时间在俄罗斯帝国和普鲁士度过。欧拉是一位数学神童。他作为数学教授，先后任教于圣彼得堡和柏林，尔后再返圣彼得堡。欧拉是有史以来最多产的数学家，他的全集共计 75 卷。欧拉实际上支配了 18 世纪的数学，对于当时的新发明微积分，推导出了很多结果。在他生命的最后 7 年中，欧拉的双目完全失明，尽管如此，他还是以惊人的速度产出了生平一半的著作。

欧拉曾任圣彼得堡科学院教授，柏林科学院的创始人之一。他是刚体力学和流体力学的奠基者，弹性系统稳定性理论的开创人。他认为质点动力学微分方程可以应用于液体。他曾用两种方法来描述流体的运动，即分别根据空间固定点和根据确定的流体质点描述流体速度场。前者称为欧拉法，后者称为拉格朗日法。欧拉奠定了理想流体的理论基础，给出了反映质量守恒的连续方程和反映动量变化规律的流体动力学方程。

欧拉在固体力学方面的著述也很多，诸如弹性压杆失稳后的形状，上端悬挂重链的振动问题，等等。欧拉的专著和论文多达 800 多种。小行星欧拉 2002 是为了纪念欧拉而命名的。

2. 生平经历

欧拉 20 岁受凯瑟琳一世的邀请加入圣彼得斯堡科学院。他 23 岁成为该院物理学教授，26 岁就接任著名数学家丹尼尔·伯努利（Daniel Bernoulli，1700—1782）的职务，成为数学所所长。两年后，他右眼睛失明，但仍以极大的热情继续工作，写出了许多杰出的论文。

1741 年，普鲁士弗雷德里克大帝把欧拉从俄国引诱出来，让他加入了柏林科学院。他在柏林呆了 25 年后于 1766 年返回俄国。不久，他的左眼睛也失去了光明。接着又遭火灾，大部分藏书和手稿化为灰烬，即使这样的灾祸降临，他也没有屈服，没有停止研究工作，又与衰老和黑暗拼搏了 7 年，凭口授发表了 400 多篇论文。欧拉具有惊人的心算才能，他不断地发表第一流的数学论文，直到生命的最后一息。1783 年，他在圣彼得斯堡去世，终年 76 岁。欧拉结过两次婚，有 13 个孩子，但是其中有 8 个在襁褓中就死去了。

假如没有欧拉的公式、方程和方法，现代科学技术的进展就会停滞不前。浏览一下数学和物理教科书的索引就会找到如下内容：欧拉角（刚体运动）、欧拉常数（无穷级数）、欧拉方程（流体动力学）、欧拉公式（复合变量）、欧拉数（无穷级数）、欧拉多角曲线（微分方程）、欧拉齐性函数定理（微分方程）、欧拉变换（无穷级数）、伯努利－欧拉定律（弹性力学）、欧拉－傅里叶公式（三角函数）、欧拉－拉格朗日方程（变分学，力学）以及欧拉－马克劳林公式，这里举的仅仅是最重要的例子。

欧拉的著述浩瀚，不仅包含科学创见，而且富有科学思想，他给后人留下了极其丰富的科学遗产，体现了为科学献身的精神。历史学家把欧拉同阿基米德、牛顿、高斯并列为数学史上的"四杰"。如今，在数学的许多分支中经常可以看到以他的名字命名的重要常数、公式和定理。

3. 个人贡献

"欧拉进行计算看起来毫不费劲，就像人进行呼吸，像鹰在风中盘旋一样。"阿拉戈说道，这句话对欧拉那无与伦比的数学才能来说并不夸张，他是历史上最多产的数学家。与他同时代的人们称他为"分析的化身"。欧拉撰写长篇学术论文就像一个文思敏捷的作家给亲密的朋友写一封信那样容易。甚至在他生命最后 7 年完全失明也未能阻止他的论文多产，如果说视力的丧失有什么影响的话，那便是提高了他在内心世界进行思考的想象力。

欧拉到底出了多少著作，直至 1936 年人们也没有确切的统计。但据估计，要出版已经搜集到的欧拉著作，将需用大 4 开本 60 至 80 卷。1909 年，瑞士自然科学联合会曾着手搜集、出版欧拉散佚的学术论文。这项工作是在全世界许多个人和数学团体的资助之下进行的。这也恰恰显示出，欧拉属于整个文明世界，而不仅仅属于瑞士。为这项工作仔细编制的预算方案（1909 年的钱币合约 80000 美元）由于在圣彼得堡（列宁格勒）意外地发现大量欧拉手稿而被完全中止了。

4. 人物轶事

欧拉始终保持着充沛的精力和清醒的头脑，直到临死的那一秒钟。那是在 1783 年 9 月 18 日，他 76 岁的时候。这天下午他当作消遣地推算了气球升高的定律，照例是在他的石板上。而后，与雷克塞尔和家人吃了晚饭。"赫歇耳的行星"（天王星）那时刚刚被发现，欧拉写出了他对这个行星轨道的计算。过了一会儿，他让他的孙子进来。就在喝着茶跟孩子玩的时候，中风发作，手中烟斗掉了，只说出一句话"我要死了"，欧拉便停止了生命和计算。

5. 获得成就

欧拉和丹尼尔·伯努利一起，建立了弹性体的力矩定律。

他还直接从牛顿运动定律出发，建立了流体力学里的欧拉方程。这些方程组在形式上等价于粘度为 0 的纳维－斯托克斯方程。人们对这些方程的主要兴趣在于它们能被用来研究冲击波。

他对微分方程理论做出了重要贡献，而且还是欧拉近似法的创始人，这些计算法被用于计算力学中。

在数论里他引入了欧拉函数。

在计算机领域中广泛使用的 RSA 公钥密码算法也正是以欧拉函数为基础的。

在分析领域，是欧拉综合了莱布尼茨（Leibniz，1646—1716）的微分与牛顿（Newton，1643—1727）的流数。

他在 1735 年因解决了长期悬而未决的贝塞尔问题而获得名声。

数学最美公式：$e^{i\theta}=\cos\theta+i\sin\theta$，这就是欧拉公式。当 $\theta=\pi$ 时，就得到 $e^{i\pi}+1=0$，这个简洁的恒等式将数学中最重要五个基本常数 i、π、1、0、e 统一到一个公式中，仿佛一句诗，道尽了数学之美和自然之美。其中 i 是虚数单位$\sqrt{-1}$，e 是自然对数的底，约为 2.71828…。这两个符号都是欧拉首先引入的。

欧拉在符号方面的最大贡献是给出了表示函数的式子：$f(x)$。

1735 年，他定义了微分方程中的欧拉－马歇罗尼常数。他是欧拉－马歇罗尼公式的发现者之一，这一公式在解决难于计算的积分、求和与级数的时候极为有效。

1739 年，欧拉写下了《音乐新理论的尝试》，书中试图把数学和音乐结合起来。一位传记作家写道：这是一部"为精通数学的音乐家和精通音乐的数学家而写的著作"。

在经济学方面，欧拉证明，如果产品的每个要素正好用于支付它自身的边际产量，在规模报酬不变的情形下，总收入和产出将完全耗尽。

在几何学和代数拓扑学方面，欧拉公式给出了多面体的顶点数 V、棱数 E 和面数 F 之间存在的如下关系：$V-E+F=2$。

1736 年，欧拉解决了哥尼斯堡七桥问题，并且发表了论文《关于位置几何问题的解法》，对"一笔画"问题进行了阐述，是最早运用图论和拓扑学的典范。

6. 欧拉命名

6.1 欧拉公式

欧拉公式是指以欧拉命名的诸多公式。其中最著名的有，复变函数中的欧拉辐角公式——将复数、指数函数与三角函数联系起来；拓扑学中的欧拉多面体公式；初等数论中的欧拉函数公式等。

6.2 欧拉函数

此函数以其首名研究者欧拉命名，它又称为 Euler's totient function、$\varPhi$ 函数、欧拉商数等。在数论，对正整数 n，欧拉函数是小于 n 的正整数中与 n 互质的数的数目。例如 $\varPhi(8)=4$，因为 1、3、5、7 均和 8 互质。从欧拉函数引伸出来在环论方面的事实和拉格朗日定理构成了欧拉定理的证明。

6.3 欧拉定理

在数学及许多分支中都可以见到很多以欧拉命名的常数、公式和定理。在数论中，欧拉定理（也称费马－欧拉定理或欧拉函数定理）是一个关于同余的性质。欧拉定理被认为是数学世界中最美妙的定理之一。欧拉定理实际上是费马小定理的推广。此外还有平面几何中的欧拉定理、多面体欧拉定理（在一凸多面体中，顶点数－棱边数＋面数＝2）。西方经济学中欧拉定理又称为产量分配净尽定理，指在完全竞争的条件下，假设长期中规模收益不变，则全部产品正好足够分配给各个要素。

6.4 欧拉角

用来确定定点转动刚体位置的 3 个一组独立角参量，由章动角 θ、旋进角（即进动角）ϕ 和自转角 j 组成，由欧拉首先提出而得名。

6.5 欧拉方程

1755 年，欧拉在《流体运动的一般原理》一书中首先提出这个方程。

6.6 欧拉线

三角形的外心、重心、九点圆圆心、垂心，依次位于同一直线上，这条直线就叫三角形的欧拉线，且外心到重心的距离等于垂心到重心距离的一半。

欧拉于 1765 年在他的著作《三角形的几何学》中首次提出定理：三角形的重心在欧拉线上，即三角形的重心、垂心和外心共线。他证明了在任意三角形中，以上四点共线。欧拉线上的四点中，九点圆圆心到垂心和外心的距离相等，而且重心到外心的距离是重心到垂心距离的一半。

6.7 欧拉圆

欧拉圆又称九点圆。三角形三边的中点，三高的垂足和三个欧拉点（连结三角形各顶点与垂心所得三线段的中点）九点共圆。

九点圆是几何学史上的一个著名问题。最早提出九点圆的是英国的培亚敏·俾几（Benjamin Beven），问题发表在 1804 年的一本英国杂志上。第一个完全证明此定理的是法国数学家彭赛列（Poncelet，1788—1867），也有说是 1820—1821 年间由法国数学家热尔岗（Gergonne，1771—1859）与彭赛列首先发表的。一位高中教师费尔巴哈（Feuerbach，1800—1834）也曾研究了九点圆，他的证明发表在 1822 年的《直边三角形的一些特殊点的性质》一文里，文中费尔巴哈还提到了九点圆的一些重要性质，故有人称九点圆为费尔巴哈圆。

6.8 《欧拉全集》

据统计，欧拉一生平均每年发表 800 页的学术论文，内容涵盖多个学术范畴。1911 年，数学界开始系统地出版欧拉的著作，并定名为《欧拉全集》，迄今上架已有 70 多卷，平均每卷厚达 500 多页，重约 1.81 千克。预计《欧拉全集》全部出齐时约重 136.08 千克。

7. 主要事迹

欧拉的数学生涯开始于牛顿去世的那一年。对于欧拉这样一个天才人物，不可能选择到一个更有利的时代了。解析几何（1637年问世）已经应用了90年，微积分大约50年，牛顿万有引力定律这把物理天文学的钥匙，摆到数学界人们面前已40年。在这每一个领域之中，都已解决了大量孤立的问题，同时在各处做了统一的明显尝试。但是还没有像后来做的那样，对整个数学，纯粹数学和应用数学，进行任何系统的研究。特别是笛卡尔（Descrates，1596—1650）、牛顿和莱布尼茨强有力的分析方法还没有像后来那样被充分运用，尤其在力学和几何学中更是如此。

那时代数学和三角学已在一个较低的水平上系统化并扩展了，特别是后者基本已经完善。在费马（Fermat，1601—1665）的丢番图分析和一般整数性质的领域里则不可能有任何这样的"暂时的完善"。就在这方面，欧拉也证明了他确实是个大师。事实上，欧拉多方面才华的最显著特点之一，就是在数学的两大分支——连续的和离散的数学中都具有同等的能力。

作为一个算法学家，欧拉从没有被任何人超越过。也许除了雅可比（Jacobi，1804—1851）之外，也没有任何人接近过他的水平。算法学家是为解决各种专门问题设计算法的数学家。举个很简单的例子，我们可以假定（或证明）任何正实数都有实数平方根，但怎样才能算出这个根呢？已知的方法有很多，算法学家则要设计出切实可行的具体步骤来。再比如，在丢番图分析中，还有积分学里，当一个或多个变量被其他变量的函数进行巧妙的变换之前，问题往往不可能解决。算法学家就是能自然地发现这种窍门的数学家。他们没有任何同一的程序可循，算法学家就像随口会作打油诗的人——是天生的，而不是造就的。

8. 人物评价

欧拉是18世纪最优秀的数学家，也是历史上最杰出的科学家之一。他的全部创造在整个物理学和许多工程领域里都有着广泛的应用。欧拉的数学和科学成果简直多得令人难以相信。他写下了32部足本著作，其中有几部不止1卷，还写下了许许多多富有创造性的数学和科学论文。总计起来，他的科学论著有70多卷。欧拉的天才使纯数学和应用数学的每一个领域都得到了充实，他的数学物理成果有着无限广阔的应用领域。

早在上一个世纪，牛顿就提出了力学的基本定律。欧拉特别擅长论证如何把这些定律运用到一些常见的物理现象中。例如，他把牛顿定律运用到流体运动，建立了流体力学方程。同样他通过认真分析刚体的可能运动并应用牛顿定律建立了一个可以完全确定刚体运动的方程组。当然在实际中没有物体是完全刚体。欧拉对弹性力学也做出了贡献，弹性力学是研究在外力的作用下固体怎样发生形变的学说。

欧拉的天才还在于他用数学来分析天文学问题，特别是三体问题，即太阳、月亮和地球在相互引力作用下怎样运动的问题。这个问题——21世纪仍要面临的一个问题——尚未得到完全解决。顺便提一下，欧拉是18世纪独一无二的杰出科学家。他支持光波学说，结果证明他是正确的。

欧拉丰富的头脑知识常常为他人引出成名的发现，开拓前进的道路。例如，法国数学家和物理学家拉格朗日（Lagrange，1736—1813）创建一方程组，叫作"拉格朗日方程"。此方程在理论上非常重要，而且可以用来解决许多力学问题。但是由于基本方程是由欧拉首先提出的，因而通常称为欧拉－拉格朗日方程。另一名法国数学家傅立叶（Fourier，1768—1830）创造了一种重要的数学方法，叫做傅里叶分析法，其基本方程也是由欧拉最初创立的，因而叫作欧拉－傅里叶方程。这套方程在物理学的许多不同的领域都有着广泛的应用，其中包括声学和电磁学。

在数学方面，他对微积分的两个领域——微分方程和无穷级数特别感兴趣。他在这两方面做出了非常重要的贡献。他对变分学和复数学的贡献为后来所取得的一切成就奠定了基础。这两个学科除了对纯数学有重要的意义外，还广泛应用于科学工作中。欧拉公式 $e^{i\theta}=\cos\theta+i\sin\theta$ 表明了三角函数和虚数之间的关系，可以用来求负数的对数，是所有数学领域中应用最广泛的公式之一。欧拉还编写了一本解析几何的教科书，对微分几何和普通几何做出了有意义的贡献。

欧拉不仅在做可应用于科学的数学发明上得心应手，而且在纯数学领域也具备几乎同样杰出的才能。他对数论做出了许多贡献。欧拉也是数学的一个分支——拓扑学领域的先驱，拓扑学在20世纪非常重要。

21. 代数基本定理

每一个实系数多项式至少有一个实根或一个复根。一元一次方程有且只有一个根，一元二次方程在复数范围内有且只有两个根。因此，人们很自然地想要研究一元 n 次方程在复数范围内有几个根。此外，当初在积分运算中采用部分分式法也引起了与此有关的问题：是不是任何一个实系数多项式都能分解成一次因式的乘积，或分解成实系数的一次因式和二次因式的乘积？这样的分解，关键在于证明代数基本定理。

迄今为止，该定理尚无纯代数方法的证明。就实质来说，现在的各种证明方法，与其说是代数的，不如说是无穷小分析的。

该定理的第一个证明是法国数学家达朗贝尔（d'Alembert，1717—1783）给出的，文中他默认了数学分析中一条引理——定义在有限闭区间上的连续函数一定在某一点取得最小值，但是这引理在达朗贝尔研究的 100 年以后才得到证明。接着，欧拉（Euler，1707—1783）也给出了一个证明，但也有缺陷。拉格朗日（Lagrange，1736—1813）于 1772 年又重新证明了代数基本定理，后经高斯（Gauss，1777—1855）分析，发现其证法中曾把实数的各种性质应用于尚未证明其存在性的根上，所以该证明仍然是很不严谨的。

代数基本定理的第一个严格证明通常认为是高斯给出的（1799 年在哥廷根大学的博士论文）。其基本思想为：设 $f(z)$ 为 n 次实系数多项式，记 $z=x+iy(x,y$ 为实数），考虑方程 $f(x+iy)=u(x,y)+iv(x,y)=0$ 即 $u(x,y)=0$ 与 $v(x,y)=0$，这里 $u(x,y)=0$ 与 $v(x,y)=0$ 分别表示 xoy 坐标平面上两条曲线 C_1 与 C_2，于是通过对曲线作定性的研究，证明了这两条曲线必有一个交点 $z_0=a+bi$，从而得出 $u(a,b)=v(a,b)=0$，即 $f(a+bi)=0$，因此 z_0 便是代数方程的一个根。这个论证具有高度的创造性，但从现代的标准来看，依然是不严谨的，因为他依靠了曲线的图形，证明它们必须相交，而这些图形是比较复杂的。

高斯后来又给出了另外三种证法。在第二种证法中，不依靠几何的论据，但是却引用了一个当时未经证明的命题——设多项式 $p(x)$ 在 x 的不同的值之间没有零点，则它在这两个值处不可能改变符号。高斯在 71 岁高龄时还公布了第四种证法。在这种证法中他容许多项式的系数是复数。应该指出，在许多证法中，这条定理都不是在最一般的情况下证明的，都是假定了多项式中的文字系数表示实数，但整个定理却包括复系数的情况。

复变函数论发展后，代数基本定理已经作为一些定理的推论。代数基本定理在代数乃至整个数学中起着基础作用。

22. 祖暅和祖暅原理

祖暅（gèng）原理也就是"等积原理"。它是由我国南北朝杰出的数学家、祖冲之的儿子祖暅（字景烁，456—536）首先提出来的，内容是：夹在两个平行平面间的两个几何体，被平行于这两个平行平面的任何平面所截，如果截得两个截面的面积总相等，那么这两个几何体的体积相等。

等积原理的发现起源于《九章算术》中的错误答案。他提出的解决方法是取每边为一寸的正方体棋子八枚，拼成一个边长为两寸的正方体，在正方体内画内切圆柱体，再在横向画一个同样的内切圆柱体。这样两个圆柱所包含的立体共同部分像两把上下对称的伞，刘徽将其取名为"牟合方盖"（古时人称伞为"盖"；"牟"同侔，意即相合）。根据计算得出球体积是牟合方盖体的体积的四分之三，但是《九章算术》中得出球的体积是圆柱体体积的四分之三，圆柱体又比牟合方盖大，显然《九章算术》中的球体积计算公式是错误的。刘徽认为只要求出牟合方盖的体积，就可以求出球的体积。可怎么也找不出求牟合方盖体积的途径。

祖暅沿用了刘徽的思想，利用刘徽牟合方盖的理论去进行体积计算，得出"幂势既同，则积不容异"的结论。"势"即是高，"幂"是截面积。

在西方，球体的体积计算方法虽然早已由希腊数学家阿基米德（Archimedes，前287—前212）发现，但祖暅原理是在独立研究的基础上得出的，且比阿基米德的内容要丰富，涉及的问题要复杂。二者有异曲同工之妙。根据这一原理就可以求出牟合方盖的体积，然后再导出球的体积。

这一原理主要应用于计算一些复杂几何体的体积。在西方，直到17世纪，才由意大利数学家卡瓦列里（Cavalieri，1598—1647）发现。于1635年出版的《连续不可分几何》中，提出了等积原理，所以西方人把它称之为"卡瓦列里原理"。其实，他的发现要比我国的祖暅大约晚了1100多年。

我们都知道"点动成线，线动成面，面动成体"这句话，直线由点构成，点的多少表示直线的长短；面由线构成，也就是由点构成，点的多少表示面积的大小；几何体由面构成，就是由线构成，最终也就是由点构成，点的多少也表示了体积的大小，要想让两个几何体的体积相等，也就是让构成这两个几何体的点的数量相同，祖暅原理就运用到了它。

两个几何体夹在两平行平面中间，可以理解为这两个几何体平行面间的高度相等。两平行面之间的距离一定，若视距离为一条线段，那么这个距离上就有无数个点，过一个点，可以画出一个平行于两平行面的截面，若两几何体在被过每一点的平行截面截出的面积两两相等，则说明两几何体在同一高度下的每两个截面上的点的数量相同。有无数个截面，同一高度每两个几何体的截面上的点的数量相同，则说明，这两个几何体所拥有的点数量相同，那么也就是说，它们的体积相同。所以我们可以用这种思想来理解祖暅原理。

祖暅的工作不仅仅局限于数学领域，他还参与了历法的修订。此外，他还制造了用于测量日影长度的仪器，并对北极星的定位做出了准确的判断。

祖暅的著作包括《缀术》《漏刻经》《天文录》等，但多数已经失传。

> **数学名题与猜想**
>
> ### 鸡兔同笼
>
> "鸡兔同笼"出自《孙子算经》卷下第三十一题。原题是:今有鸡兔同笼,上有三十五头,下有九十四足,问:鸡兔各几何?"其意思是:现在鸡、兔同在一个笼子里。上有三十五个头,下有九十四只脚。问:鸡、兔各有多少只?

23. 欧几里得

1. 人物简介

欧几里得(Euclid,约前330—前275),古希腊数学家,被称为"几何之父"。他活跃于托勒密一世(前364—前283)时期的亚历山大里亚,他最著名的著作《几何原本》是欧洲数学的基础,提出五大公设。欧几里得《几何原本》,被广泛认为是历史上最成功的教科书之一。欧几里得也写了一些关于透视、圆锥曲线、球面几何学及数论的作品。

2. 生平轶事

欧几里得是希腊亚历山大大学的数学教授。著名的古希腊学者阿基米德(Archimedes,前287—前212),是他学生的学生——卡农是阿基米德的老师,而欧几里得是卡农的老师。

欧几里得不仅是一位学识渊博的数学家,同时还是一位有"温和仁慈的蔼然长者"之称的教育家。在著书育人过程中,他始终没有忘记当年挂在"柏拉图学园"门口的那块警示牌,牢记着柏拉图学派自古承袭的严谨、求实的传统学风。他对待学生既和蔼又严格，自己却从来不宣扬有什么贡献。对于那些有志于穷尽数学奥秘的学生，他总是循循善诱地予以启发和教育，而对于那些急功近利、在学习上不肯刻苦钻研的人，则毫不客气地予以批评。在柏拉图学派晚期导师普罗克洛斯（Proclus，410—485）的《几何学发展概要》中，就记载着这样一则故事，说的是数学在欧几里得的推动下，逐渐成为人们生活中的一个时髦话题，以至于当时亚里山大国王托勒密一世也想赶这一时髦，学点几何学。虽然这位国王见多识广，但欧氏几何却令他学得很吃力。于是，他问欧几里得："学习几何学有没有什么捷径可走？"欧几里得笑道："抱歉，陛下！学习数学和学习一切科学一样，是没有什么捷径可走的。学习数学，人人都得独立思考，就像种庄稼一样，不耕耘是不会有收获的。在这一方面，国王和普通老百姓是一样的。"从此，"在几何学里，没有专为国王铺设的大道"这句话成为千古传诵的学习箴言。

还有一则故事。那时候，人们建造了高大的金字塔，可是谁也不知道金字塔究竟有多高。有人这么说："要想测量金字塔的高度，比登天还难！"这话传到欧几里得耳朵里。他笑着告诉别人："这有什么难的呢？当你的影子跟你的身体一样长的时候，你去量一下金字塔的影子有多长，那长度便等于金字塔的高度！"

来拜欧几里得为师学习几何的人越来越多，有的人是来凑热闹的，看到别人学几何，他也学几何。一位学生曾这样问欧几里得："老师，学习几何会使我得到什么好处？"欧几里得思索了一下，请仆人拿点钱给这位学生，冷冷地说道："看来你拿不到钱，是不肯学习几何学的！"

3. 相关经历

3.1 学园便是全部的生活

欧几里得是古希腊著名数学家、欧氏几何学的开创者。欧几里得生于雅典，当时雅典就是古希腊文明的中心。浓郁的文化气氛深深地感染了欧几里得，当他还是个十几岁的少年时，就迫不及待地想进入"柏拉图学园"学习。

一天，一群年轻人来到位于雅典城郊外林荫中的"柏拉图学园"。只见学园的大门紧闭，门口挂着一块木牌，上面写着："不懂几何者，不得入内！"这是当年柏拉图亲自立下的规矩，为的是让学生们知道他对数学的重视，然而却把前来求教的年轻人给闹糊涂了。有人在想，正是因为我不懂数学，才要来这儿求教的呀，如果懂了，还来这儿做什么？正在人们面面相觑，不知是退是进的时候，欧几里得从人群中走了出来，只见他整了整衣冠，看了看那块牌子，然后果断地推开了学园大门，头也没有回地走了进去。

"柏拉图学园"是柏拉图40岁时创办的一所以讲授数学为主要内容的学校。在学园里，师生之间的教学完全通过对话的形式进行，因此要求学生具有高度的抽象思维能力。数学，尤其是几何学，所涉及对象就是普遍而抽象的东西。它们同生活中的实物有关，但是又不来自于这些具体的事物，因此学习几何被认为是寻求真理的最有效的途径。柏拉图甚至声称："上帝就是几何学家。"这一观点不仅成为学园的主导思想，而且也为越来越多的希腊民众所接受。人们都逐渐地喜欢上了数学，欧几里得也不例外。他在有幸进入学园之后，便全身心地沉潜在数学王国里。他潜心求索，以继承柏拉图的学术为奋斗目标，除此之外，他哪儿也不去，什么也不干，熬夜翻阅和研究了柏拉图的所有著作和手稿，可以说，连柏拉图的亲传弟子也没有谁能像他那样熟悉柏拉图的学术思想、数学理论。经过对柏拉图思想的深入探究，他得出结论：图形是神绘制的，所有一切现象的逻辑规律都体现在图形之中。因此，对智慧训练，就应该从图形为主要研究对象的几何学开始。他确实领悟到了柏拉图思想的要旨，并开始沿着柏拉图当年走过的道路，把几何学的研究作为自己的主要任务，并最终取得了世人敬仰的成就。

3.2 几何学说之大成

最早的几何学兴起于公元前7世纪的古埃及，后经古希腊等人传到古希腊的都城，又借毕达哥拉斯学派系统奠基。在欧几里得以前，人们已经积累了许多几何学的知识，然而这些知识当中，存在一个很大的缺点和不足，就是缺乏系统性。大多数是片断、零碎的知识，公理与公理之间、证明与证明之间并没有什么很强的联系性，更不要说对公式和定理进行严格的逻辑论证和说明。因此，随着社会经济的繁荣和发展，特别是随着农林畜牧业的发展、土地开发和利用的增多，把这些几何学知识加以条理化和系统化，成为一整套可以自圆其说、前后贯通的知识体系，已经是刻不容缓，成为科学进步的大势所趋。欧几里得通过早期对柏拉图数学思想，尤其是几何学理论系统而周详的研究，已敏锐地察觉到了几何学理论的发展趋势。他下定决心，要在有生之年完成这一工作。为了完成这一重任，欧几里得不辞辛苦，长途跋涉，从爱琴海边的雅典古城，来到尼罗河流域的埃及新埠——亚历山大城，为的就是在这座新兴且文化蕴藏丰富的异域城市实现自己的初衷。在此地的无数个日日夜夜里，他一边搜集以往的数学专著和手稿，向有关学者请教，一边试着著书立说，阐明自己对几何学的理解，哪怕是尚肤浅的理解。经过欧几里得忘我的劳动，终于在公元前300年结出丰硕的果实，这就是几经易稿而最终定形的《几何原本》一书。这是一部传世之作，正是有了它，几何学不仅第一次实现了系统化、条理化，而且又孕育出一个全新的研究领域——欧几里得几何学，简称欧氏几何。

3.3 不朽的平面几何学著作

《几何原本》是一部集前人思想和欧几里得个人创造性于一体的不朽之作。传到今天的欧几里得著作并不多，然而我们却可以从这部书详细的写作笔调中，看出他真实的思想底蕴。

全书共分13卷。书中包含了5条公理、5条公设、119个定义和465条命题。在每一卷内容当中，欧几里得都采用了与前人完全不同的叙述方式，即先提出公理、公设和定义，然后再由简到繁地证明它们。这使得全书的论述更加紧凑和明快。而在整部书的内容安排上，也同样贯彻了他的这种独具匠心的安排。它由浅到深，从简至繁，先后论述了直边形、圆、比例论、相似形、数、立体几何以及穷竭法等内容。其中有关穷竭法的讨论，成为近代微积分思想的来源。

仅仅从这些卷帙的内容安排上，我们就不难发现，这部书已经基本囊括了从公元前7世纪的古埃及，一直到公元前4世纪（欧几里得生活时期）前后总共400多年的几何学发展历史。这其中，颇有代表性的便是在第1卷到第4卷中，欧几里得对直边形和圆的论述。正是在这几卷中，他总结和发挥了前人的思维成果，巧妙地论证了毕达哥拉斯定理，也称勾股定理。即在一直角三角形中，斜边上的正方形的面积等于两条直角边上的两个正方形的面积之和。他的这一证明，从此确定了勾股定理的正确性并延续了2000多年。《几何原本》是一部在科学史上千古流芳的巨著。它不仅保存了许多古希腊早期的几何学理论，而且通过开创性的系统整理和完整阐述，使这些远古的数学思想发扬光大。它开创了古典数论的研究，在一系列公理、定义、公设的基础上，创立了欧几里得几何学体系，成为用公理化方法建立起来的数学演绎体系的最早典范。照欧氏几何学的体系，所有的定理都是从一些确定的、不需证明而礴然为真的基本命题即公理演绎出来的。在这种演绎推理中，对定理的每个证明必须以公理为前提，或者以先前就已被证明了的定理为前提，最后做出结论。这一方法后来成了用以建立任何知识体系的严格方式，人们不仅把它应用于数学中，也把它应用于科学，以及神学甚至哲学和伦理学中，对后世产生了深远的影响。德·摩根（De Morgan，1806—1871）曾说，除了《圣经》，再没有任何一本书能像《几何原本》这样拥有如此众多的读者，被译成多种语言。从1482年到19世纪末，《几何原本》的各种版本竟用各种语言出了1000版以上。明朝万历年间（1607），徐光启（1562—1633）和意大利传教士利玛窦（MatteoRicci，1552—1610）把前六卷译成中文出版，定名为《几何原本》。"几何"这个数学名词就是这样来的。《几何原本》同时也是中国近代翻译的第一部西方数学著作。

尽管欧几里得的几何学在差不多2000年时间里，被奉为严格思维的范例，但实际上它并非那么完美。人们发现，一些被欧几里得作为不证自明的公理，却难以自明，越来越遭到怀疑。比如"第五平行公设"，欧几里得在《几何原本》一书中断言："通过已知外一点，能作且仅能作一条直线与已知直线平行。"这个结果在普通平面当中尚能够得到经验的印证，那么在无处不在的闭合球面之中（地球就是个大曲面）这个平行公理却是不成立的。俄国人罗伯切夫斯基（Lobachevsky，1792—1856）和德国人黎曼（Riemann，1826—1866）由此创立了球面几何学，即非欧几何学。

此外，欧几里得在《几何原本》中还对完全数（如果一个数恰好等于它的因子之和，则称该数为"完全数"）做了探究，他通过 $2^{(n-1)} \cdot (2^n - 1)$ 的表达式发现头四个完全数。

当 $n=2$ 时，$2^1(2^2-1)=6$；当 $n=3$ 时，$2^{(3-1)} \cdot (2^3-1)=28$；当 $n=5$ 时，$2^{(5-1)} \cdot (2^5-1)=496$；当 $n=7$ 时，$2^{(7-1)} \cdot (2^7-1)=8128$。一个偶数是完全数，当且仅当它具有如下形式：$2^{(n-1)} \cdot (2^n-1)$，此事实的充分性由欧

几里得证明，而必要性则由欧拉所证明。其中 2^n-1 是素数，我们只要找到了一个形如 2^n-1 的素数（即梅森素数），也就知道了一个偶完全数。

尽管没有发现奇完全数，但是挪威数学家欧尔（Ore，1899—1968）证明，若有奇完全数，则其形式必然是 $12p+1$ 或 $36p+9$ 的形式，其中 p 是素数。在 10^{18} 以下的自然数中奇完全数是不存在的。

24. 统计学的发展史

统计学是统计实践的经验总结，又是指导统计实践活动的科学。统计学的发展大致可以分为：

1. 政治算术学派

最早的统计学源于 17 世纪英国的政治算术。其代表人物是威廉·佩第（William Patty，1623—1687）。威廉·佩第在《政治算术》（1676）一书中写到：本书不用比较级、最高级进行思辨或议论，而是用数字来表达自己想说的问题借以考察在自然中有可见的根据的原因。政治算术学派主张用大量观察和数量分析等方法对社会经济现象进行研究的主张，为统计学的发展开辟了广阔的前景。

2. 国势学派

最早使用"统计学"这一术语的是德国国势学派的阿亨瓦尔（Achenwall，1719—1772）。国势学派虽然创造了统计学这一名词，但他们主要使用文字记述的方法对国情国力进行研究，其学科内容与现代统计学有较大的差别。

3. 社会统计学派

1850 年，德国统计学家克尼斯（Knise，1821—1898）发表了题为《独立科学的统计学》的论文，提出统计学是一门独立的社会科学，是一门对社会经济现象进行数量对比分析的科学，他主张以"国家论"作为国势学的科学命名，而以"统计学"作为"政治算术"的科学命名。在德国、日本和苏联，社会统计学派都曾有相当大的影响。

各国学者在社会经济统计指标的设定与计算、指数的编制、资料的搜集与整理、统计调查的组织和实施、经济社会的数量分析和预测等方面做出的贡献已成为现代统计学的重要组成部分。例如，"恩格尔系数"，至今仍为人们广泛使用。国民收入和国内生产总值的核算方法被称为20世纪最伟大的发明之一。

4. 数理统计学派

创始人是比利时统计学家凯特勒（Quetelet，1796—1874），19世纪比利时的通才，他既是统计学家，又是数学家和天文学家，还是身高体重指数（BMI）的发明者。他所著的代表作《概率论书简》《社会物理学》等将概率论和统计方法引入社会经济方面进行研究。在学科性质上，凯特勒认为统计学是一门既研究社会现象又研究自然现象的方法论科学。从19世纪中叶到20世纪中叶，数理统计学得到迅速发展。英国科学家、生物学家高尔顿（Galton，1822—1911）提出并阐述了相关的概念；英国数学家皮尔逊（Pearson，1857—1936）提出了计算复相关和偏相关的方法；英国统计学家戈塞特（Gosset，1876—1937）建立了"小样本理论"，即所谓的"t分布"；费歇儿（Fisher，1890—1962）样本相关系数的分布、方差分析、实验设计等方面的研究也做出了重要贡献。到20世纪中期，数理统计学的基本框架已经形成。数理统计学派成为英美等国统计学界的主流。历经300多年的发展，统计学目前已经成为横跨社会科学和自然科学领域的多科性的科学。"统计学是有关如何测定、搜集和分析反映客观现象总体数量的数据，以便给出正确认识的方法论科学。"从横向看，各种统计学都具有上述共同点，因而能够形成一个学科"家族"。从纵向看，统计学方法应用于各种实质性科学，同它们相结合，产生了一系列专门领域的统计学。由此可见，现代统计学可以分为两大类：一类是以抽象的数量为研究对象，研究一般的搜集数据、整理数据和分析数据方法的理论统计学；另一类是以各个不同领域的具体数量为研究对象的应用统计学。

统计学在我国是亟待发展和具有辉煌前景的学科。在中国，统计学目前的发展还处于"肢体不全"的状态，人们对统计学的认识还不全面。一说到统计，人们想到的总是报表，而不是从学科角度认识的它。实际上，统计学不仅在物理、化学等自然科学领域广泛应用，而且在政治、经济、文化、历史等社会实践和学科发展中都有较系统化的应用。但是在我国，统计学在政治、文化等领域的发展还较弱。因此，统计学在这些领域的发展余地越大，它未来发展的前景就越好。

25. 概率论发展简史

概率论不仅是当代科学的重要数学基础之一，而且也是当代社会和人类日常生活所必需的知识之一。正如19世纪法国著名数学家拉普拉斯（Laplace，1749—1827）所说："对于生活中的大部分，最重要的问题实际上只是概率问题。你可以说我们所掌握的所有知识几乎都是不确定的，只有一小部分我们能确定地了解。甚至数学科学本身，归纳法、类推法和发现真理的首要手段都是建立在概率论的基础之上的。因此，整个的人类知识系统是与这一理论相联系的……"

的确，我们只要浏览一下当今的报纸，看一看电视，就会发现在某种程度上概率统计的语言已经成为人类生活中重要的一部分。然而，饶有趣味的是，这门被拉普拉斯称为"人类知识的最重要的一部分"的数学却直接地起源于一种相当独特的人类行为的探索：人们对于机会性游戏的研究思考。

1. 机会性游戏

所谓机会性游戏就是靠运气取胜的一些游戏，如赌博等。这种游戏不是哪一个民族的单独发明，它几乎出现在世界各地的许多地方，如埃及、印度、中国等。在玩骰子游戏的几千年的时间里，概率理论的某些思想可能早应该出现了。但是一直没有迹象表明人们观察到了赌博与数学之间的直接关系，甚至没有发现有人意识到骰子点数下落的频率的计算是可能的、有效的，或每一面会以相同的频率出现等这些最简单的概率思想的萌芽。对于概率思想出现得如此缓慢的现象，人们提出了许多解释的原因。这些解释包括：可能是由于缺少完美平衡和"诚实"的骰子，因而阻碍了人们发现任何可察觉的规律，或者由于缺少适当的数学概念和符号而阻碍了数学的探索。还有一个更有力的原因可能是"随机"概念本身与时空观念相对。长期以来，人们一直认为：一系列的好运和坏运都是神授的。人们相信上帝或众神以某种预先确定的计划指导着世俗的事件，所以随机不但是不可能的，甚至是不可想象的。古希腊人似乎已得到这样的结论：精确和规律只存在于神的王国，而混沌和无规律则是人类世界的特征。但是他们不愿使理想化的自然规律屈从于一个不完美的物理世界的事实，因而未能发展概率的思想。此外，还有一个解释涉及道德的规范，赌博长期以来被视为一种不道德的行为，历史上充满了限制、制止赌博的各种尝试。既然赌博被视为不道德的，那么将机会性游戏作为科学研究的对象也就是大逆不道了。然而这些原因没有一个得到广泛的认可，人们对每一个猜测都提出了反驳的理由。

2. 概率的萌芽

直到文艺复兴时期，随着阿拉伯数字和计算技术的广泛传播，简单代数和组合数学的发展，并且哲学的思想开始转变、拓展，随机事件的试验和计算在本质上才有所进展，概率的思想才开始逐渐浮出水面。对于赌博问题现在有史可查的最早研究是从意大利开始的。15世纪后期和16世纪早期，当一些意大利数学家开始思考在包括赌博游戏中各种存在结果的数学的比率时，有了对概率的第一次纯数学处理。

卡尔达诺（Cardano，1501—1576）是意大利数学和医学教授，他天资聪明，常常不循规蹈矩，拥有有趣而丰富的经历。他最著名的著作是1524年出版的《伟大的艺术》，其中包括了那时所有发展起来的代数规则，包括求三次和四次方程根的解法。在他一生中超过40年的时间里，卡尔达诺几乎每天都参与赌博。作为对在不合适的活动中浪费时间的补偿，他认真地分析了这种活动中有价值的方面——智力因素，例如，从一副牌中抽出A的概率是多少，同时掷两个骰子，出现点数的和为 7 的概率是多少，等等。最终，在一本名叫《机会性游戏手册》的书中，他公布了这些调查和思考的结果和他关于赌博实践的体会。这本书成书于 1526 年左右，但直到 100 多年后的 1663 年才出版。在书中他提醒他的赌徒朋友：在分牌时，得到某一张牌的机会是随着前一张牌的选走而增大的。在题为"掷一个骰子"的章节里，他写到："我能掷出 2、4、6，同时也能掷出 1、3、5。因此，如果骰子是'诚实的'，那么下赌注就应依据这种等可能性；如果骰子不是'诚实'的，那么它就以一定的或大或小的比例离开这种等可能性。"这里面已包含了"把概率定义为等可能性事件的比"的思想萌芽，即一个特殊结果的概率是所有达到这个结果的可能的方法数目被一个事件的所有可能结果的总和所除。此时是第一次，人们看到骰子问题由经验向理论的概率思想转变。从这一角度来讲，有人认为卡尔达诺可以被称为是"概率论之父"，概率论这一个数学分支应当以此作为起点。但是这种观点并未得到广泛认可。除了卡尔达诺，意大利伟大的天文学家伽利略（Galileo，1564—1642）也早已开始对掷骰子的问题进行数学化的思考，在一篇写于 1613 和 1623 年之间、标题为《关于骰子游戏的思想》的短文中，伽利略解释了在抛掷 3 枚骰子时为什么会有 216 种同等可能结果的问题。

3. 概率的产生

尽管有卡尔达诺和伽利略等先驱者的一些非常重要的工作，但概率论历史学家大多赞同这样一个观点：对于数学中一个非常特别的问题的解法探求成为数学化的概率科学产生的标志之一，这个问题被称作"点问题"。所谓"点问题"是指当游戏在完成前被终止时，怎样处理两名技能相当的游戏者的赌金分配问题，其依据是游戏者的得分数或是游戏终止时的点数。意大利的帕乔利（Pacioli，1445—1509）早在 1494 年出版的《算术书》一书中，就提到了赌博中常常遇到的"点问题"，他是最早在数学著作中提到点问题的作者。紧接着，卡尔达诺和他的对手塔尔塔利亚（Tartaglia，1499—1557）都讨论过这个问题。然而，所有这些人，对这一问题得出的结论都不正确。直到 100 多年后的 1654 年，一个名为德·梅勒（De Mere，1607—1684）的法国赌徒把这个问题寄给了当时的数学天才帕斯卡（Pascal，1623—1662），从此概率论历史上一个决定性的阶段才开始了。

德·梅勒的问题形式是：德·梅勒和他的一个朋友每人出 30 个金币，两人各自选取一个点数，谁选择的点数首先被掷出 3 次，谁就赢得全部的赌注。在游戏进行了一会儿后，德·梅勒选择的点数"5"出现了 2 次，而他的朋友选择的点数"3"只出现了 1 次。这时候，德·梅勒由于一个紧急事情必须离开，游戏不得不停止。他们该如何分配赌桌上的 60 个金币的赌注呢？他们对这一问题的看法和计算方法不一致，为此争论不休。后来德·梅勒把这个问题告诉了帕斯卡，帕斯卡对此也很感兴趣，又写信告诉了费马（Fermat，1601—1665）。于是在这两位杰出的法国数学家之间开始了具有划时代意义的通信。在通信中，两人用不同的方法正确地解决了这个问题。帕斯卡和费马正确解决了"点问题"的这一事件被霍华德·伊夫斯（Howard Eves，1911—2004）称为"数学史上的一个里程碑"。在概率论的历史上，传统观点则一般把这一事件看作为数学概率论的起始标志。

帕斯卡在早年就表现出了超常的数学能力，在数学史中他被称作"最伟大的天才"，他曾经对微积分、射影几何、概率论等数学分支做出了巨大的贡献。他拥有如此高的数学天赋和非常敏锐的直觉能力，理应创造更多的发现。不幸的是，帕斯卡在生命的大部分时间里，倍受敏感性神经痛和精神幻觉症的折磨，于 1662 年去世时年仅 39 岁。与帕斯卡共同分享概率论创始人声誉的另一位法国数学家费马的一生则充满了喜悦与和平。他的职业是律师，他把大部分的空余时间都献给了数学研究。虽然没受过什么特别的数学训练，但是在数学这一领域中，却取得了同时代其他数学家不可比拟的重大成就。费马的众多重要贡献丰富了数学的很多领域，所以被称为"业余数学家之王"。

1657 年，荷兰数学家惠更斯（Huygoens，1629—1695）发表了《论赌博中的计算》，这是最早的概率论著作。以上数学家的著述中所出现的第一批概率论概念与定理，标志着概率论的诞生。而概率论作为一门独立的数学分支，真正的奠基人是瑞士数学家雅各布·伯努利（Jakob Bernoulli，1654—1705）。他在遗著《猜度术》中首次提出了后来以"伯努利定理"著称的极限定理，在概率论发展史上占有重要地位。伯努利之后，法国数学家棣莫弗

(De moivre，1667—1754）对概率论又做了巨大推进，他提出了概率乘法法则，正态分布和正态分布率的概念，并给出了概率论的一些重要结果。之后法国数学家蒲丰（Buffon，1707—1788）提出了著名的"蒲丰问题"，引进了几何概率。另外，拉普拉斯（Laplace，1749—1827）、高斯（Gauss，1777—1855）和泊松（Poisson，1781—1840）等对概率论做出了进一步奠基性工作。特别是拉普拉斯，他是严密的、系统的科学概率论的最卓越创建者，在1812年出版的《概率的分析理论》中，拉普拉斯以强有力的分析工具处理了概率论的基本内容，实现了从组合技巧向分析方法的过渡，使以往零散的结果系统化，开辟了概率论发展的新时期。泊松则推广了大数定理，提出了著名的泊松分布。

19世纪后期，极限理论的发展成为概率论研究的中心课题，俄国数学家、力学家切比雪夫（Chebyshev，1821—1894）对此做出了重要贡献。他建立了关于独立随机变量序列的大数定律，推广了棣莫弗－拉普拉斯的极限定理。切比雪夫的成果后被其学生苏联数学家马尔可夫（Markov，1856—1922）发扬光大，影响了20世纪概率论发展的进程。

19世纪末，一方面在统计物理等领域的应用提出了对概率论基本概念与原理进行解释的需要，另一方面，科学家们在这一时期发现的一些概率论悖论也揭示出古典概率论中基本概念存在的矛盾与含糊之处。这些问题强烈要求对概率论的逻辑基础做出更加严格的考察。

4. 概率论的公理化

俄国数学家伯恩斯坦（Bernstein，1918—1990）和奥地利数学家冯·米西斯（von Mises，1883—1953）对概率论的严格化做了最早的尝试。但他们提出的公理理论并不完善。事实上，真正严格的公理化概率论只有在测度论和实变函数理论的基础上才可能建立。测度论的奠基人，法国数学家博雷尔（E. Borel，1781—1956）首先将测度论方法引入概率论重要问题的研究，并且他的工作激起了数学家们沿这一崭新方向的一系列探索。特别是苏联数学家柯尔莫哥洛夫（Kolmogorov，1903—1987）的工作最为卓著。他在1926年推导了弱大数定律成立的充分必要条件。后又对博雷尔提出的强大数定律问题给出了最一般的结果，从而解决了概率论的中心课题之一——大数定律，成为以测度论为基础的概率论公理化的前奏。

1933年，柯尔莫哥洛夫出版了他的著作《概率论基础》，这是概率论的一部经典性著作。其中，柯尔莫哥洛夫给出了公理化概率论的一系列基本概念，提出了六条公理，整个概率论大厦可以从这六条公理出发建筑起来。柯尔莫哥洛夫的公理体系逐渐得到数学家们的普遍认可。由于公理化，概率论成为一门严格的演绎科学，并通过集合论与其他数学分支密切地联系着。柯尔莫哥洛夫是20世纪最杰出的数学家之一，他不仅仅是公理化概率论的建立者，在数学和力学的众多领域他都做出了开创或奠基性的贡献，同时，他还是出色的教育家。由于在概率论等其他许多领域的杰出贡献，柯尔莫哥洛夫荣获1980年的沃尔夫奖。

5．进一步的发展

在公理化基础上，现代概率论取得了一系列理论突破。公理化概率论首先使随机过程的研究获得了新的进展。1931年，柯尔莫哥洛夫用分析的方法奠定了一类普通的随机过程——马尔可夫过程的理论基础。柯尔莫哥洛夫之后，对随机过程的研究做出重大贡献而影响着整个现代概率论的重要代表人物有法国数学家莱维（Lvy，1886—1971）、苏联数学家辛钦（Khinchin，1894—1959）、美国数学家杜布（DuBois，1910—2004）和日本数学家伊藤清（Kiyoshilto，1915—2008）等。1948年莱维出版的著作《随机过程与布朗运动》提出了独立增量过程的一般理论，并以此为基础极大地推进了作为一类特殊马尔可夫过程的布朗运动的研究。1934年，辛钦提出平稳过程的相关理论。1939年，维尔（J. Ville）引进"鞅"的概念，1950年起，杜布对鞅概念进行了系统的研究而使鞅论成为一门独立的分支。从1942年开始，伊藤清引进了随机积分与随机微分方程，不仅开辟了随机过程研究的新道路，而且为随机分析这门数学新分支的创立和发展奠定了基础。像任何一门公理化的数学分支一样，公理化的概率论应用范围被大大拓广。

26. 雅各布·伯努利及其家族

雅各布·伯努利（Jacob Bernoulli，1654—1705），瑞士数学家，公认的概率论先驱之一。

1654年12月27日生于瑞士巴塞尔，1705年8月16日卒于同地。雅各布·伯努利出生于一个商人世家，毕业于巴塞尔大学，1671年获艺术硕士学位，后来遵照父亲的意愿又取得神学硕士学位，但他却不顾父亲的反对，自学了数学和天文学。雅各布·伯努利在1678年和1681年两次遍游欧洲学习旅行，这使他接触了许多数学家和科学家，丰富了他的知识，拓宽了他的兴趣。

1682年他重返巴塞尔，开始教授力学。1687年，雅各布成为巴塞尔大学的数学教授，至逝世一直执掌着巴塞尔大学的数学教席。除进行数学研究工作外，他还广交学友，所写书信卷帙浩繁，是当时欧洲科学界一位颇有影响力的人物。

值得一提的是，伯努利家族是一个数学家辈出的家族。除了雅各布·伯努利外，在17—18世纪期间，伯努利家族共产生过11位科学家，其中比较著名的还有他的弟弟约翰·伯努利（Johann Bernoulli，1667—1748）和侄子丹尼尔·伯努利（Daniel Bernoulli，1700—1782），丹尼尔·伯努利在概率论中引入正态分布误差理论，发表了第一个正态分布表。雅各布·伯努利是科学世家伯努利家族中第一位以数学研究成名的人。

雅各布·伯努利在数学上的贡献涉及微积分、微分方程、无穷级数求和、解析几何、概率论以及变分法等领域，其中，对数学最突出的贡献是在概率论和变分法这两个领域。他在概率论方面的工作成果包含在了论文《推测的艺术》之中。在这篇著作里，他对概率论做出了若干重要的贡献，其中包括现今称为大数定律的发现。该论文也记载了雅各布·伯努利论述排列组合的工作。伯努利家族中的人总是喜欢在学术问题上争执抗衡。在寻找最速降线，即在重力的单独作用下一质点通过两定点的最短路径的问题上，雅各布·伯努利和他的弟弟约翰·伯努利就曾有过激烈的争论，而这一场严肃辩论的结果就催生了变分法。除此之外，雅各布·伯努利在悬链线的研究中也做出过重要贡献，他还把这方面的成果用到了桥梁的设计之中。1694 年，他首次给出直角坐标和极坐标下的曲率半径公式，这也是系统地使用极坐标的开始。雅各布·伯努利和他弟弟约翰·伯努利在发展和传播当时刚由牛顿（Newton，1643—1727）和莱布尼茨（Leibniz，1646—1716）发明的微积分学中起了重要的作用，对微积分的创建都有重要贡献。雅各布·伯努利对微积分学的特殊贡献在于指明了应当怎样把这一技术运用到应用数学的广阔领域中去，"积分"一词也是由他在 1690 年首先使用的。

雅各布·伯努利一生中最有创造力的著作就是 1713 年出版的《猜度术》，是组合数学及概率论史的一件大事，他在这部著作中给出的伯努利数有很多应用之处。提出了概率论中的"伯努利定理"，这是大数定律的最早形式。由于伯努利兄弟在科学问题上的过于激烈的争论，致使双方的家庭也被卷入，以至于雅各布·伯努利死后，他的《猜度术》手稿被他的遗孀和儿子藏匿在外多年，直到 1713 年才得以出版，几乎使这部经典著作的价值受到损害。由于大数定律的极端重要性，1913 年 12 月彼得堡科学院曾举行庆祝大会，纪念大数定律诞生 200 周年。

伯努利家族对数学的最大贡献还不是数学本身，而是发现了欧拉。

在世界数学史上，我国清代梅文鼎家族也曾出现 8 位数学家，与伯努利家族东西辉映。

数学名题与猜想

装错信封问题

18 世纪，瑞士数学家丹尼尔·伯努利提出这样一个问题：一个人写了 n 封信，并且写了 n 个对应的信封，这个人随机将这 n 封信分别装入这 n 个信封，问，都装错的情况有多少种？

第三章　选择性必修一

27. 笛卡尔

近代数学本质上可以说是变量数学，而变量数学的第一个里程碑是解析几何的发明。解析几何的真正发明者应归功于法国两位数学家笛卡尔（Descartes，1596—1650）和费马（Fermat，1601—1665）。

笛卡尔出生于法国都伦的拉哈耶，是贵族后裔，父亲是个律师。他早年受教于拉夫赖士的耶稣会学校。1612 年赴巴黎从事研究，曾于 1617 年和 1619 年两次从军，离开军营后旅行欧洲，他的学术研究是在军旅和旅行中作出的，是法国著名的哲学家、数学家、物理学家，解析几何学之父，西方现代哲学思想的奠基人之一。

说起笛卡尔投身数学，多少有一些偶然性。有一次部队开进荷兰南部的一个城市，笛卡尔在街上散步，看见用当地的佛莱芒语书写的几道公开征解的数学难题。许多人在此招贴前议论纷纷，他旁边的一位中年人用法语替他翻译了这几道数学难题的内容。第二天，聪明的笛卡尔兴冲冲地把解答交给了那位中年人。中年人看了笛卡尔的解答十分惊讶。巧妙的解题方法，准确无误的计算，充分显露了他的数学才华。原来这位中年人就是当时有名的数学家贝克曼教授（Beeckman，1588—1637）。笛卡尔以前读过他的著作，但是一直没有机会认识他。从此，笛卡尔就在贝克曼的指导下开始了对数学的深入研究。所以有人说，贝克曼"把一个已离开科学的心灵，带回到正确、美满的成功之路"。1621 年，笛卡尔离开军营遍游欧洲各国。1625 年回到巴黎从事科学工作。为综合知识深入研究，1628 年笛卡尔变卖家产，定居荷兰潜心著述达 20 年。

几何学曾在古希腊有过较快的发展，欧几里得（Euclid，约前 330—前 275）、阿基米德（Archimedes，前 287—前 212）、阿波罗尼奥斯

(Apollonius，约前262—前190）都对圆锥曲线作过深入研究。但古希腊的几何学只是一种静态的几何，它既没有把曲线看成一种动点的轨迹，更没有给出它的一般表示方法。文艺复兴运动以后，哥白尼（Copernicus，1473—1543）的日心说得到证实，开普勒（Kepler，1571—1630）发现了行星运动的三大定律，伽利略又证明了炮弹等抛物体的弹道是抛物线，这就使几乎被人们忘记的阿波罗尼奥斯曾研究过的圆锥曲线重新引起人们的重视。人们意识到圆锥曲线不仅仅是依附在圆锥上的静态曲线，而且还是与自然界的物体运动有着密切联系的曲线。要计算行星运行的椭圆轨道，要求出炮弹飞行所走过的抛物线，单纯靠几何方法已无能为力。古希腊数学家的几何学已不能给出解决这些问题的有效方法。要想反映这类运动的轨迹及其性质，就必须从观点到方法都要有一个新的变革，建立一种在运动观点上的几何学。

　　古希腊数学过于重视几何学的研究，却忽视了代数方法。代数方法在东方（中国、印度、阿拉伯）虽有高度发展，但缺少论证几何学的研究。后来，东方高度发展的代数传入欧洲，在文艺复兴运动下，欧洲数学在古希腊几何学和东方代数学的基础上有了巨大的发展。

　　笛卡尔在数学上的杰出贡献就在于将代数和几何巧妙地联系在一起，从而创造了解析几何这门数学学科。1619年在多瑙河的军营里，笛卡尔用大部分时间思考着他在数学中的新想法：能不能用代数中的计算过程来代替几何中的证明呢？要这样做就必须找到一座能连接几何与代数的桥梁——使几何图形数值化。笛卡尔用两条互相垂直且交于原点的数轴作为基准，将平面上的点的位置确定下来，这就是后人所说的笛卡尔坐标系。笛卡尔坐标系的建立，为用代数方法研究几何架设了桥梁，它使几何中的点 P 与一个有序实数对 (x, y) 构成了一一对应关系。

　　坐标系里点的坐标按某种规则连续变化，那么平面上的曲线就可以用方程来表示。笛卡尔坐标系的建立，把过去并列的两个数学研究对象"形"和"数"统一起来，把几何方法和代数方法统一起来，从而使传统的数学有了一个新的突破。

　　关于笛卡尔创立解析几何的灵感有几个传说：一个传说是，笛卡尔终生保持着在耶稣会学校读书期间养成的"晨思"的习惯，他在一次"晨思"时，看见一只苍蝇正在天花板上爬，突然想到，如果知道了苍蝇与相邻的两个墙壁的距离之间的关系，就能描述它的路线，这使他的头脑中产生了关于解析几何的最初闪念；另一个传说是，1619 年冬天，笛卡尔随军队驻扎在多瑙河畔的一个村庄，在圣马丁节的前夕（11 月 10 日），他做了三个连贯的梦，笛卡尔后来说，正是这三个梦向他揭示了"一门奇特的科学"和"一项惊人的发现"，虽然他从未明说过这门奇特的科学和这项惊人的发现是什么，但这三个梦从此成为佳话，给解析几何的诞生蒙上了一层神秘的色彩。

人们在苦心思索之后的睡梦中获得灵感与启示，不是不可能的事情，但事实上笛卡尔之所以能创立解析几何，主要是他艰苦探索、潜心思考、运用科学的方法，同时批判地继承前人成就的结果。

1637 年，笛卡尔发表了最有名的著作《更好地指导推理和寻求科学真理的方法论》（简称《方法论》），《几何学》作为三个附录之一。

1649 年，瑞典女王克里斯蒂娜向笛卡尔发出邀请，请他到瑞典皇宫教自己哲学。笛卡尔到达斯德哥尔摩时，正值冬季，异常寒冷。女王又习惯在凌晨五点听笛卡尔授课，而且一周三天，笛卡尔不得不经常半夜起床，冒着严寒去女王的书房。就这样过了两个月，1650 年 2 月 1 日，笛卡尔因受凉患上感冒，后转为肺炎，10 天后，笛卡尔离开人世，年仅 54 岁。

笛卡尔终生未婚，关于他的哲学思想，最著名的就是那句"我思故我在"。

28. 费马的解析几何思想

与笛卡尔分享创立解析几何殊荣的还有比笛卡尔小 5 岁的费马（Fermat，1601—1665），他是 17 世纪上半叶最杰出的数学家之一。

费马出生在法国图卢斯一个皮革商人家庭，他在家乡上完中学后，考入了图卢斯大学，1631 年获奥尔良大学民法学士学位，毕业后任律师，并担任过图卢斯议会议员。虽然数学只是他的业余爱好，但他对解析几何、微积分、数论、概率论都做出了杰出的贡献，被誉为"业余数学家之王"。

1629 年以前，费马便着手重写公元前 3 世纪古希腊几何学家阿波罗尼奥斯（Apollonius，约前 262—前 190）失传的《平面轨迹》一书。他用代数方法对阿波罗尼奥斯关于轨迹的一些失传的证明作了补充，对古希腊几何学，尤其是阿波罗尼奥斯圆锥曲线论进行了总结和整理，对曲线作了一般研究。并于 1630 年用拉丁文撰写了仅有 8 页的论文《平面与立体轨迹引论》。

1636 年，费马与当时法国的大数学家梅森（Mersenne，1588—1648）、罗贝瓦尔（Roberval，1602—1675）开始通信，对自己的数学工作略有言及。但是《平面与立体轨迹引论》的出版是在费马去世 14 年以后的事，因而 1679 年以前，很少有人了解到费马的工作，而现在看来，费马的工作却是开创性的。

《平面与立体轨迹引论》中道出了费马的发现。他指出："两个未知量决定的一个方程式，对应着一条轨迹，可以描绘出一条直线或曲线。"费马的发现比笛卡儿发现解析几何的基本原理还早 7 年。费马在书中还对一般直线和圆的方程，以及关于双曲线、椭圆、抛物线进行了讨论。

在 1643 年的一封信里，费马也谈到了他的解析几何思想。他谈到了柱面、椭圆抛物面、双叶双曲面和椭球面，指出：含有三个未知量的方程表示一个曲面，并对此做了进一步地研究。

笛卡尔和费马研究解析几何的方法大相径庭，表达形式也迥然不同。首先，费马主要是继承了希腊人的思想，尽管他的工作比较全面系统，正确地叙述了解析几何的基本原理，但他研究的重点放在完善阿波罗尼奥斯的工作上，因而古典色彩浓厚，并且沿用了韦达（Viete，1540—1603）以字母代表数的思想，因此需要读者对韦达的代数知识有充分的了解。而笛卡尔则是从批判古希腊的传统出发，走的是革新古代方法的道路。笛卡尔的方法更具一般性，适用范围也更加广泛。其次，费马从方程出发研究它的轨迹，笛卡尔则从轨迹开始建立它的方程，这正是解析几何中一个问题的正反两种提法，但各有侧重。前者是从代数到几何，后者是从几何到代数。从历史发展来看，笛卡尔的几何学更胜一筹，更具突破性。

> **数学名题与猜想**
>
> ## 费马大定理
>
> 费马大定理,又被称为"费马最后定理",由法国数学家费马提出。他断言:当整数 $n>2$ 时,关于 x,y,z 的方程 $x^n+y^n=z^n$ 没有正整数解。他在书边写道:"我确实已找到了一个极妙的证明,但页边太窄,写不下。"费马猜想提出后,历经 300 多年无数数学家的不断努力,最终在 1995 年被英国数学家安德鲁·怀尔斯(Andrew Wiles,1953 年至今)证明,并获得 2005 年度邵逸夫奖。

29. 解析几何的产生与应用

16 世纪以后,由于生产和科学技术的发展,天文、力学、航海等方面都对几何学提出了新的需求。比如,德国天文学家开普勒(Kepler,1571—1630)发现了行星是沿着椭圆轨道绕着太阳运行的,太阳处在这个椭圆的一个焦点上;意大利科学家伽利略(Galileo,1564—1642)发现投掷物体做抛物线运动。这些发现都涉及圆锥曲线,要研究这些比较复杂的曲线,原先的一套方法显然已经不适应了,这就导致了解析几何的出现。

1637 年,法国的哲学家和数学家笛卡尔(Descartes,1596—1650)发表了他的著作《方法论》,这本书的后面有三篇附录,分别叫《折光学》《流星学》《几何学》。当时的这个"几何学"实际上指的是数学。

笛卡尔的《几何学》共分三卷,第一卷讨论尺规作图;第二卷是曲线的性质;第三卷是立体和"超立体"的作图,但它实际是代数问题,探讨方程根的性质。后世的数学家和数学史学家都把笛卡尔的《几何学》作为解析几何的起点。

从笛卡尔的《几何学》中可以看出，其中心思想是建立起一种"普遍"的数学，把算术、代数、几何统一起来。他设想，把任何数学问题化为一个代数问题，再把任何代数问题归结到解一个方程式。

为实现上述的设想，笛卡尔从天文和地理的经纬制度出发，指出平面上的点和实数对 (x, y) 的对应关系。x，y 的不同数值可以确定平面上许多不同的点，这样就可以用代数的方法研究曲线的性质。这就是解析几何的基本思想。

具体地说，平面解析几何的基本思想有两个要点：第一，在平面建立坐标系，一点的坐标与一组有序的实数对相对应；第二，在平面上建立了坐标系后，平面上的一条曲线就可由一个带两个变数的代数方程来表示了。从这里可以看到，运用坐标法不仅可以把几何问题通过代数的方法解决，而且还把变量、函数以及数和形等重要概念密切联系起来。

解析几何的产生并不是偶然的。在笛卡尔写《几何学》以前，就有许多学者研究过用两条相交直线作为一种坐标系；也有人在研究天文、地理的时候，提出了一点位置可由两个"坐标"（经度和纬度）来确定。这些都对解析几何的创建产生了很大的影响。

在数学史上，一般认为和笛卡尔同时代的法国业余数学家费马（Fermat，1601—1665）也是解析几何的创建者之一，应该分享这门学科创建的荣誉。

费马是一个从事数学研究的业余学者，对数论、解析几何、概率论三个方面都有重要贡献。他性情谦和，好静成癖，对自己所写的"书"无意发表。但从他的通信中知道，早在笛卡尔发表《几何学》以前，就已写了关于解析几何的小文，已经有了解析几何的思想。只是直到 1679 年，费马死后，他的思想和著述才从与友人的通信中整理出来并公开发表。

笛卡尔的《几何学》，作为一本解析几何的书来看，是不完整的，但重要的是引入了新的思想，为开辟数学新园地作出了贡献。

1. 解析几何的基本内容

在解析几何中，首先是建立坐标系。取定两条相互垂直的、具有一定方向和度量单位的直线，叫作平面上的一个直角坐标系 xoy。利用坐标系可以把平面内的点和有序实数对（x，y）建立起一一对应的关系。除了直角坐标系外，还有斜坐标系、极坐标系、空间直角坐标系等等。在空间坐标系中还有球坐标和柱面坐标。

坐标系将几何对象和数、几何关系和函数密切联系起来，这样就可以把空间形式的研究归结成比较成熟也容易驾驭的数量关系的研究了。用这种方法研究几何学，通常就叫做解析法。这种解析法不但对于解析几何是重要的，并且对于几何学的各个分支的研究也是十分重要的。

解析几何的创立，引入了一系列新的数学概念，特别是将变量引入数学，使数学进入了一个新的发展时期，这就是变量数学的时期。解析几何在数学发展中起了推动作用。恩格斯在《自然辩证法》一书中指出："数学中的转折点是笛卡尔的变数，有了变数，运动进入了数学；有了变数，辩证法进入了数学；有了变数，微分和积分也就立刻成为必要的了。"

2. 解析几何的应用

解析几何又分为平面解析几何和空间解析几何。

在平面解析几何中，除了研究直线的有关性质外，主要是研究圆锥曲线（圆、椭圆、双曲线、抛物线）的有关性质。在空间解析几何中，除了研究平面、直线有关性质外，还研究柱面、锥面、旋转曲面。

椭圆、双曲线、抛物线的有些性质，在生产或生活中被广泛应用。比如电影放映机的聚光灯泡的反射面是椭圆面，灯丝在一个焦点上，影片门在另一个焦点上；探照灯、聚光灯、太阳灶、雷达天线、卫星的天线、射电望远镜等都是利用抛物线的原理制成的。

总的来说，解析几何运用坐标法可以解决两类基本问题：一类是满足给定条件点的轨迹，通过坐标系建立它的方程；另一类是通过方程的讨论，研究方程所表示曲线的性质。

运用坐标法解决问题的步骤是：首先在平面上建立坐标系，把已知点的轨迹的几何条件"翻译"成代数方程；然后运用代数工具对方程进行研究；最后把代数方程的性质用几何语言叙述，从而得到原先几何问题的答案。

坐标法的思想促使人们运用各种代数的方法解决几何问题。先前被看作几何学中的难题，一旦运用代数方法后就变得平淡无奇了。坐标法也为近代数学的机械化证明提供了有力的工具。

30. 圆锥曲线的产生与发展

古希腊著名学者梅内克缪斯（Menaechmus，约前 380—前 320）企图解决当时著名难题"倍立方问题"（即用直尺和圆规把立方体体积扩大一倍）。他把 Rt△ABC 的直角 A 的平分线 AO 作为轴。旋转△ABC 一周，得到曲面 ABECE′，如图 3-1。用垂直于 AC 的平面去截此曲面，可得到曲线 EDE′，梅内克缪斯称之为"直角圆锥曲线"。他想以此在理论上解决"倍立方问题"，未获成功。而后，便撤开"倍立方问题"，把圆锥曲线作为专有概念进行研究：若以 Rt△ABC 中的长直角边 AC 为轴旋转△ABC 一周，得到曲面 CB′EBE′，如图 3-2。用垂直于 BC 的平面去截此曲面，其切口为一曲线，称之为"锐角圆锥曲线"；若以 Rt△ABC 中的短直角边 AB 为轴旋转△ABC 一周，可得到曲面 BC′ECE′，如图 3-3。用垂直于 BC 的平面去截此曲面，其切口曲线 EDE′ 称为"钝角圆锥曲线"。当时，希腊人对平面曲线还缺乏认识，上述三种曲线须以圆锥曲面为媒介得到，因此，被称为圆锥曲线的"雏形"。

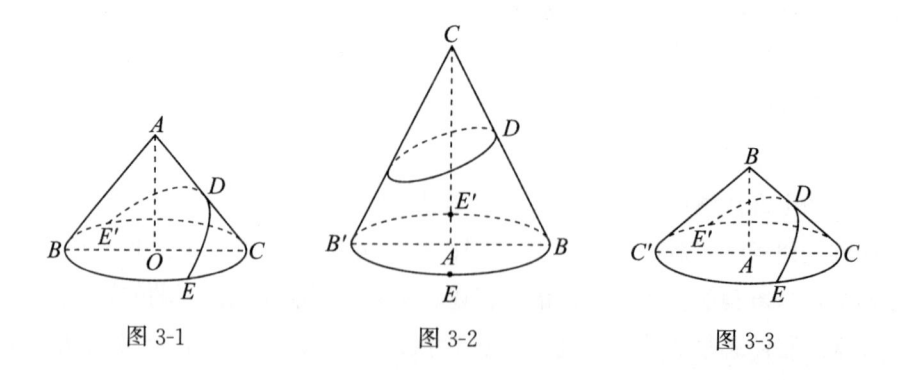

图 3-1　　　图 3-2　　　图 3-3

经过了约 200 年的时间，使圆锥曲线的研究取得重大突破的是希腊的两位著名数学家阿波罗尼奥斯（Apollonius，约前 262—前 190）和欧几里得（Euclid，约前 330—前 275）。阿波罗尼奥斯在他的著作《圆锥曲线论》中，系统地阐述了圆锥曲面的定义，利用圆锥曲面生成圆锥曲线的方法与构成，而且还对圆锥曲线的性质进行了深入的研究，他发现：（1）椭圆、双曲线任一点 M 处的切线与 MF_1、MF_2（F_1、F_2 为两定点，后人称之为焦点）的夹角相等；（2）对于椭圆，$|MF_1|+|MF_2|=|AA_1|$（$|AA_1|$ 为常数，且大于 $|F_1F_2|$）；（3）对于双曲线，$|MF_1|-|MF_2|=|AA_1|$（$|AA_1|$ 为常数，且小于 $|F_1F_2|$）。但是，阿波罗尼奥斯在抛物线中没有发现这类性质。欧几里得在他的巨著《几何原本》里描述了圆锥曲线的共性，并给出了圆锥曲线的统一定义，即平面内一点 F 和一定直线 AB，从平面内的动点 M 向 AB 引垂线，垂足为 C，若 $|MF|:|MC|$ 的值一定，则动点 M 的轨迹为圆锥曲线。只可惜这一定理欧几里得没有给出证明。

又经过了 500 年，到了公元 3 世纪，希腊数学家帕普斯（Pappus，3—4 世纪）在他的著作《数学汇篇》中，才完善了欧几里得关于圆锥曲线的统一定义，并对这一定理进行了证明。他指出，平面内一定点 F 和一定直线 AB，从平面内的动点 M 向 AB 引垂线，垂足为 C，若 $|MF|:|MC|$ 的值一定，则当 $|MF|:|MC|$ 的比值小于 1 时，动点 M 的轨迹是椭圆；等于 1 时是抛物线；大于 1 时是双曲线。至此，圆锥曲线的定义和性质才比较完整地建立起来了。

31. 椭圆第一定义[1]

法国数学家和天文学家拉希尔（Lahire，1640—1719）在《圆锥曲线新基础》（1679）中给出了椭圆的焦半径定义。拉希尔首先提出以下问题：给定线段 IT，其中点为 C，在 CI 和 CT 上分别取点 F 和 D，使得 $CF=CD$。求作

一点 P，使得 $PF+PD=IT$。拉希尔的做法是：任将 IT 分成两段，以 F 为圆心，以其中一段为半径作圆弧；再以 D 为圆心，以另一段为半径作圆弧，两弧的交点 P 为所求。然后，拉希尔将点 P 的轨迹定义为椭圆。

图 3-4 《圆锥曲线新基础》手稿

这是所见文献中椭圆第一定义的首次出现。在拉希尔之后，法国数学家洛必达（L'Hopital，1661—1704）在《圆锥曲线分析》（1707）中采用了园艺师画法以及拉希尔的新定义，并根据该定义推导了椭圆的方程。

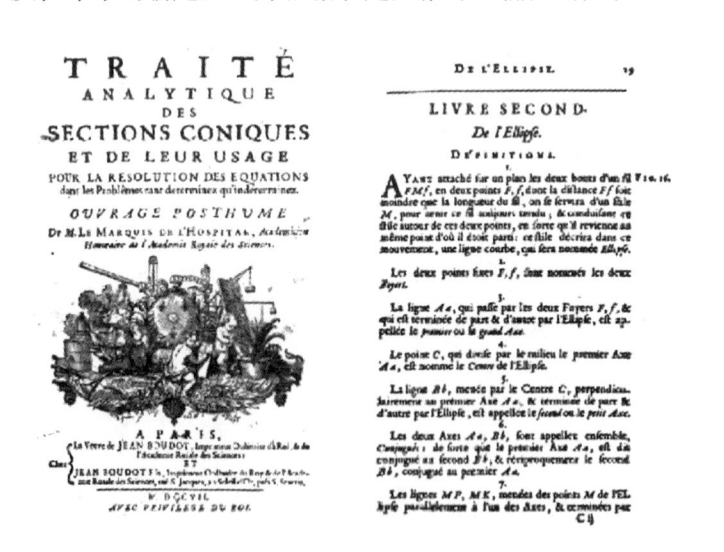

图 3-5 《圆锥曲线分析》手稿

18世纪以后，椭圆第一定义逐渐被广泛采用，且第二定义（焦点－准线定义）也逐渐登上历史舞台。

参考文献：

[1] 汪晓勤. 椭圆第一定义是如何诞生的？[J]. 中学数学月刊，2017（06）：28—31.

32. 抛物线小史[1]

抛物线起源于圆锥截线，历史上的名称为"直角圆锥截线""齐曲线"。柏拉图学派的梅内克缪斯（Menaechmus，约前380—前320）按圆锥顶角的大小将圆锥分为锐角、直角和钝角三类，用垂直于母线的平面截这些圆锥就得到"梅氏三线"，抛物线是其中的"直角圆锥截线"。阿波罗尼奥斯（Apollonius，约前262—前190）发现在同一圆锥面中通过改变截面位置也能得到"梅氏三线"，其巨著《圆锥曲线论》代表了古希腊演绎几何的最高成就。他还将希腊几何学中的"应用"和欧几里得（Euclid，约前330—前275）的"比例"相结合，通过推理得出椭圆、双曲线和抛物线的方程。

抛物线的焦点源于其光学性质，抛物面反射镜能将平行于轴的光线聚集到一点，"焦点"的概念由数学家狄俄克利斯（Diocles，前2世纪）在《取火镜》中提出，抛物线的几何性质以及轨迹定义是由古希腊数学家帕普斯（Pappus，3—4世纪）在《数学汇编》中给出。17世纪解析几何诞生，数学家用代数的方法重新研究圆锥曲线，法国数学家洛必达（L'Hôpital，1661—1704）推导了抛物线的标准方程。

数学家对抛物体运动轨迹的研究充满数学理性思维，经历了观察猜想、实验验证和理论推理的过程。14世纪，因对火炮射程的判断和控制需要研究斜抛运动的轨迹，起初人们认为轨迹由斜向上的直线段、圆弧、竖直向下的直线段组成。直到17世纪中期，伽利略（Galilei，1564—1642）利用实验的方法确定了平抛运动的轨迹不是直线而是类似于抛物线或双曲线亦或是悬链线，而后通过实际测量得出：在相等的时间间隔内，水平位移相等，而竖直位移与时间的平方成正比。从而通过实验得出平抛运动的轨迹就是阿波罗尼奥斯（Apollonius，约前262—前290）的齐曲线，理论上的证明则由数学家卡瓦列里（Cavalieri，1598—1647）完成。

参考文献：

[1] 李昌. 基于数学史的"抛物线"教学 [J]. 江苏教育，2021（11）：34—37.

数学名题与猜想

物不知其数问题

"物不知其数"出自《孙子算经》卷下第二十六题，原题是："今有物，不知其数。三三数之，剩二；五五数之，剩三；七七数之，剩二。问，物几何？"其意思是：有一堆物品，不知有多少个。每三个三个地数，最后剩两个；每五个五个地数，最后剩三个。每七个七个地数，最后剩两个。问，物品有多少个？

---

33. 为什么截口曲线是椭圆

如图3-6，用一个平面去截圆锥，得到的截口曲线是椭圆。那么，为什么截口曲线是椭圆呢？

图 3-6

历史上,许多人从纯几何角度出发对这个问题进行过研究,其中比利时数学家旦德林(Dandelin,1794—1847)的方法非常巧妙。

在圆锥内放两个大小不同的球,使得它们分别与圆锥的侧面、截面相切。两个球分别与截面相切于点 E、F,在截口曲线上任取一点 A,过点 A 作圆锥的母线,分别与两个球相切于点 C、B。由球和圆的几何性质,可以知道 $AE=AC$,$AF=AB$,于是 $AE+AF=AB+AC=BC$。

由切点 B、C 的产生方法可知,它们之间的距离 BC 是定值。这样截口曲线上任意一点 A 到两个定点 E、F 的距离之和为常数。由椭圆的定义可知,截口曲线就是椭圆。

如图 3-7,用一个与圆柱的母线斜交的平面去截圆柱,得到的一条截口曲线。你能仿照上述方法,证明截口曲线也是椭圆吗?

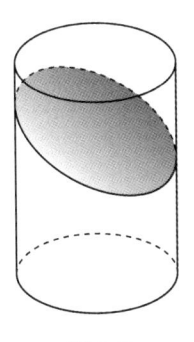

图 3-7

第四章 选择性必修二

34. 谢尔宾斯基三角形

谢尔宾斯基（Sierpinshi，1882—1969）是一名波兰数学家，出生于波兰华沙，父亲是一名杰出的物理学家。1900 年，他进入华沙大学学习，师从俄罗斯著名数学家沃罗诺伊（Voronoy，1868—1908）。谢尔宾斯基是一位多产的数学家，一生写了 50 多本书和 700 多篇论文。在集合论和拓扑学领域，他发现了连续性假设和度量空间之间的许多性质。在数论上，他引入了第一、二种谢尔宾斯基基数，发现了第一个绝对正规数。他在 1915 年构造的谢尔宾斯基三角形是早期分形几何的经典例子之一。

谢尔宾斯基三角形虽然用谢尔宾斯基的名字命名，但类似的图案其实早在 13 世纪已经出现在意大利阿纳尼教堂的卡斯莫迪马赛克上和卡斯美丁圣玛利亚的罗马大教堂中殿的地毯上。它的外壳是一个三角形，但内部却留下了许多几乎被掏空了的空隙。由于在形状上的特殊性，所以又将它称为谢尔宾斯基垫片和谢尔宾斯基筛。它的构造步骤如下：

第一步，设 s_0 是平面 R^2 上的一个单位正三角形，每边取中点后将其两两相连，得到 4 个边长为 12 的正三角形，去掉中间 1 个三角形（但保留 3 条边），剩下 3 个三角形，全体用 s_1 表示。

第二步，在 s_1 中 3 个三角形的每边取中点，将每个三角形的中点两两连接再分别去掉中间 1 个（同样保留其 3 条边），得到 3^2 个边长为 $\frac{1}{2^2}$ 小三角形，全体用 s_2 表示。

如此继续下去得到一个平面集列：
$$S_0 \supset S_1 \supset S_2 \supset \cdots \supset S_n \supset \cdots$$

其中 s_n 由 3^n 个边长为 $\frac{1}{2^n}$ 的小正三角形组成。$\{s_n\}$ 的极限集：$S = \bigcap\limits_{k=0}^{\infty} s_n$

就称为谢尔宾斯基三角形。如图4-1，它通过无限迭代得到，具有严格的自相似性，由无穷多个正三角形缩小版本的并集组成，勒贝格测度为零。从几何角度看，它的构造方式和所具有的性质与康托三分集有很多相似之处，但它比经典的康托三分集更加复杂。谢尔宾斯基三角形是平面上一个连通的紧致子集，而康托三分集则是直线上完全不连通的紧致子集。事实上，谢尔宾斯基还可以被看成是平面上一条简单连续的闭曲线，这条曲线已被数学家们证实是拓扑维数为1的不可求长（无限长）曲线。

图 4-1 谢尔宾斯基三角形构造过程

第二年，谢尔宾斯基在谢尔宾斯基三角形的基础上给出谢尔宾斯基地毯的构造，如图4-2。他首先选取一个实心正方形，然后把它划分为9个相等的小正方形，再移除中间的小正方形，最后对余下的小正方形无限次重复上述步骤，便得谢尔宾斯基地毯。谢尔宾斯基地毯也是一个严格的自相似集，它是康托集在二维平面上推广的一个例子。从拓扑学的角度看，谢尔宾斯基地毯最重要的性质是万有性，即二维平面上的每一条约当曲线都能够被同胚嵌入到谢尔宾斯基地毯中（谢尔宾斯基已在论文中证明）。因此，谢尔宾斯基地毯包含了谢尔宾斯基三角形一个同胚的像。

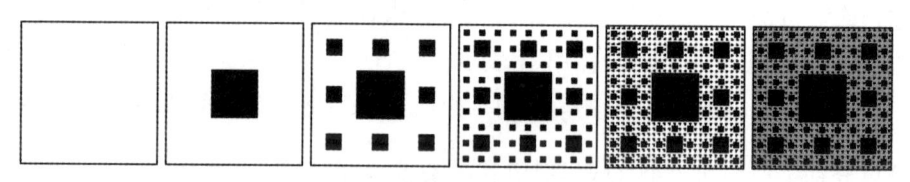

图 4-2 谢尔宾斯基地毯的构造过程

1926年，维也纳学派的奥地利数学家门杰（Menger，1902—1985）在谢尔宾斯基的启发下，将病态集合的构造又由平面推广到了立体上，得到了另一著名分形集——门杰海绵。它由以下步骤生成：

第一步，将单位立方体的每一个面分成9个全等正方形，得到27个小立方体。

第二步，去掉每一面中间的小立方体和单位立方体正中间的小立方体，得到 20 个边长为 $\frac{1}{3}$ 的小立方体。

第三步，将留下的每一个小立方体继续重复上述步骤，在第 n 步时得到 20^{n-1} 个边长为 $\frac{1}{3^{n-1}}$ 的子立方体。

第四步，将上述步骤重复至无限后，留下的子立方体全体即为门杰海绵。

门杰还证明了他所构造的这个"海绵"是拓扑维数为 1 的紧度量空间，并且任何一个拓扑维数为 1 的紧度量空间都和它的一个子集同态。门杰海绵在构造上与谢尔宾斯基三角形完全类似，最大的不同之处是门杰海绵在三维空间中构造，而谢尔宾斯基三角形却是基于二维空间构造。不过它们都是通过无限迭代产生的具有自相似性的经典分形集。

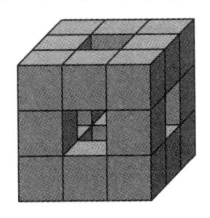

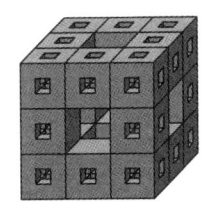

图 4-3 门杰海锦的构造过程

35. 毕达哥拉斯学派

毕达哥拉斯（Pythagoras，前 580—前 500）是古希腊第一个学派祖师爷泰勒斯（Thales，前 640—前 546）的高徒，是爱琴海的萨摩斯岛人，出师后树立自己的学派——南意大利学派，是由古希腊哲学家毕达哥拉斯及其信徒组成的学派。他们多是自然科学家，把美学视为自然科学的一个组成部分。

认为宇宙可以用单独一个原理加以说明，这就是数，科学的世界和美的世界是按照数组构成的。美表现于数量比例上的对称和和谐，和谐起于差异的对立，美的本质在于和谐。毕达哥拉斯名言："万物皆数。"毕达哥拉斯学派认为数是万物的本原，事物的性质是由某种数量关系决定的，万物按照一定的数量比例而构成和谐的秩序，由此他们提出了"美是和谐"的观点。其还认为音乐的和谐是由高低、长短、轻重不同的音调按照一定的数量上的比例组成，音乐是对立因素的和谐的统一，杂多导致统一，不协调导致协调。这是古希腊艺术辩证法思想的萌芽，也包含着艺术中"寓整齐于变化"的普遍原则。

毕达哥拉斯学派认为天体的运行秩序也是一种和谐，各个星球保持着和谐的距离，沿着各自的轨道，以严格固定的速度运行，产生各种和谐的音调和旋律，即所谓"诸天音乐"或"天体音乐"。

毕达哥拉斯学派还认为，外在的、艺术的和谐同人的灵魂的内在和谐相合，产生所谓"同声相应"，认为音乐大致有刚柔两种风格，对人的性格和情感进行陶冶进而产生改变，强调音乐的"净化"作用。毕达哥拉斯学派偏重于美的形式的研究，认为一切平面图形中最美的是圆形，一切立体圆形中最美的是球形。据说毕达哥拉斯学派最早发现了所谓"黄金分割"规律，而获得关于比例的形式美的规律。毕达哥拉斯学派的美学观点是客观唯心主义的，对柏拉图、新柏拉图主义及文艺复兴时期的艺术家产生了深远影响。

毕达哥拉斯学派的有名定理就是毕达哥拉斯定理，也就是我们讲的勾股定理。当然，我们的勾股定理要比他早发现 500 多年。据说，毕达哥拉斯发现这个定理后非常高兴，认为这是上天的恩赐，曾向神供献了一百头牛，所以这个定理在中世纪也叫做"百牛大祭""百牛定理"。

毕达哥拉斯学派很崇尚数字之美，他们发现了完全数和亲和数。比如 6，因为 $6=1+2+3$，而 1、2、3 是 6 的全部真因子。又如 28，$28=1+2+4+7+14$，而 28 的全部真因子是 1、2、4、7、14。所以 6、28 是完全数。直到 1952 年，我们才知道 12 个完全数。但是，现在所知道的完全数都是偶数，是否存在奇数的完全数就成了数论中一个著名的未解决问题。还有亲和数，毕达哥拉斯提出的第一对亲和数是 284 和 220。因为 220 的真因子是 1、2、4、

5、10、11、20、22、44、55、110，其和是 284；而 284 的真因子是 1、2、4、71、142，其和是 220。从毕达哥拉斯以后，很长一段时间内人们都没有发现亲和数，直到 1636 年，费马（Fermat，1601—1665）才发现第二对亲和数 17926 和 18416。1638 年，笛卡尔（Descartes，1596—1650）发现第三对亲和数 9363584 和 9437056。1747 年，欧拉（Euler，1707—1783）给出了一个 30 对亲和数的表。1750 年，欧拉又扩展到一个 60 对亲和数的表。令人惊奇的是，1886 年，意大利一位 16 岁的男孩加尼尼居然发现了被人们遗漏的第二小的一对亲和数 1184 和 1210。到目前为止，数学家们共发现近千对亲和数。

毕达哥拉斯学派还在沙滩上研究三角形数、正方形数、五边形数。当然更有名的是，毕达哥拉斯学派一位门徒希帕索斯（Hippasus）发现了无理数，引起了第一次数学危机，并为真理献出了宝贵的生命。

36. 斐波那契数列

1. 斐波那契

斐波那契（Fibonacci，约 1170—1250），也许是丢番图（Diophantus，约 246—330）之后费马（Fermat，1601—1665）之前欧洲最杰出的数论学家。我们对他的生平知道的很少。他出生在意大利那个后来因为伽利略（Galileo，1564—1642）做过落体实验而著名的斜塔所在的城市里，现在那里还有他的一座雕像。他年轻时跟随经商的父亲在北非和欧洲旅行，大概就是由此而学习到了世界各地不同的算术体系。在他最重要的著作《算盘全书》（1202）中，引进了印度、阿拉伯数字（包括 0）及其演算法则。数论方面他在丢番图方程和同余方程方面有重要贡献。他确信印度、阿拉伯计数在实用上的优越性，《算盘全书》将阿拉伯数字引进欧洲，从而取代了罗马数系。

2. 斐波那契数列及其性质

数学中有一个以他的名字命名的著名数列：1，1，2，3，5，8，13，21，34，55，89，144，…。从第三项开始每一项都是数列中前两项之和。这个数列是斐波那契在他的《算盘全书》的"兔子问题"中提出的，如图 4-4。在问题中他假设如果一对兔子每月能生一对小兔（一雄一雌），而每对小兔在它出生后的第三个月，又能开始生小兔，如果没有死亡，由一对刚出生的小兔开始，一年后一共会有多少对兔子？

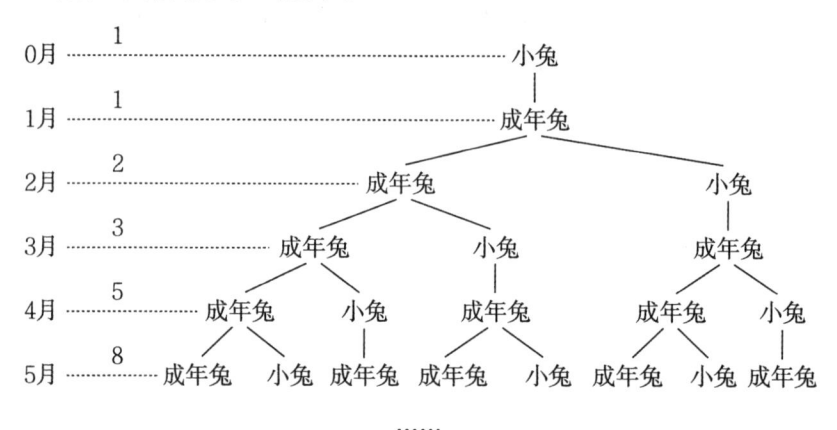

```
0月 ——1———————————————————————— 小兔
                                    |
1月 ——1———————————————————————— 成年兔
                              ┌─────┴─────┐
2月 ——2———————————— 成年兔              小兔
                  ┌────┴────┐            |
3月 ——3———— 成年兔       小兔         成年兔
         ┌────┴────┐      |        ┌────┴────┐
4月 ——5— 成年兔  小兔   成年兔   成年兔      小兔
       ┌──┴──┐ |    ┌──┴──┐ ┌──┴──┐     |
5月 ——8—成年兔 小兔 成年兔 成年兔 小兔 成年兔 小兔 成年兔
                        ……
```

图 4-4 兔子问题

所经的月数	0	1	2	3	4	5	6	7	8	…
月数所对应的兔子的对数	1	1	2	3	5	8	13	21	34	…

将问题一般化后答案就是，第 n 个月时的兔子数就是斐波那契数列的第 $n+1$（n 为自然数）项，由数列的知识得：$a_{n+2}=a_{n+1}+a_n$（$n\geq 1$）。斐波那契并没有把这个问题和这个数列看得特别重要，在《算盘全书》中兔子问题只不过是书里许多问题中并不特别的一个罢了。但是在此后的岁月中，这个数列似乎和题中的高产兔子一样，引出了为数众多的数学论文和介绍文章。

3. 斐波那契数列的应用问题

3.1 树枝生长问题

如图 4-5，一棵树一年后长出一条新枝，新枝隔一年后成为老枝，老枝便可每年长出一条新枝，如此下去，十年后树枝将有多少？

图 4-5 树枝生长问题

树枝生长问题类似兔子问题，每年所对应的树枝数为 1，2，3，5，8，…

3.2 蜜蜂的路径问题

如图 4-6，一只蜜蜂从蜂房 A 出发，想爬到 1，2，3，…，n 号蜂房，但只允许它自左向右（不许反方向倒走）。则它爬到各号蜂房的路线数各是多少？

图 4-6 蜜蜂的路径问题

蜜蜂爬进 n 号蜂房有下面两种途径：

（1）不经过 $n-1$ 号蜂房，直接从 $n-2$ 号蜂房进入第 n 号蜂房的路线有 F_{n-1} 条；

（2）经过 $n-1$ 号蜂房进入第 n 号蜂房的路线有 F_n 条。

所以就有 $F_{n+1}=F_n+F_{n-1}$，即 1，1，2，3，5，8，13，21，34，55，89，…

3.3 爬楼梯问题

上楼梯的时候，如果允许每次跨一蹬或二蹬，那么对于楼梯数为 1，2，

3，4，…时的上楼方式数会有什么关系吗？

楼梯蹬数	上楼方式	方法数
1	1	1
2	1+1，2	2
3	1+1+1，1+2，2+1	3
4	1+1+1+1，1+1+2，1+2+1，2+1+1，2+2	5
5	1+1+1+1+1，1+1+1+2，1+1+2+1，1+2+1+1，2+1+1+1，2+2+1，2+1+2，1+2+2	8
6	1+1+1+1+1+1，1+1+1+1+2，1+1+1+2+1，1+1+2+1+1，1+2+1+1+1，2+1+1+1+1，2+2+1+1，2+1+2+1，2+1+1+2，1+2+2+1，1+2+1+2，1+1+2+2，1+1+1+2，2，2+2+2	13

如上表，若登 n 级阶梯有 F_n 种方法，设第一步一级，则其余 $n-1$ 级的方法为 F_{n-1} 种；若第一步两级，则其余 $n-2$ 级的方法为 F_{n-2} 种，即登 n 级阶梯的方法应有 $F_n=F_{n-1}+F_{n-2}$ 种。又因登一级阶梯的方法只有一种，登两级的阶梯有两种方法（一步一级或一步两级），所以 $F_1=1$，$F_2=2$，显然这是一个斐波那契数列的应用问题。楼梯蹬数所对应的上楼方法数为 1，2，3，5，8，13，21，34，55，89，…

3.4 座位问题

师生集合坐一排，但老师们坐在一起总会聊些有关学校的无聊话题，因此规定老师彼此不可相邻而坐，若有不同数目的椅子，则有多少种可能的坐法？

若只有一张椅子，可坐老师（T）或学生（S），共有两种坐法，即 $F_1=2$；若有两张椅子，可坐 TS、ST、SS，共有三种坐法，即 $F_2=3$；若有 n 张椅子，可考虑 $n-1$ 张椅子的情形下，最右边再加入一张椅子，如果最后坐的是学生则没有问题，有 F_{n-1} 种坐法，如果最后坐的是老师，则最后两张坐的必定要是 ST 才符合条件，因此最后两张已经固定，相当于有 F_{n-2} 种坐法，于是 $F_n=F_{n-1}+F_{n-2}$，斐波那契数列又再度出现。

4. 斐波那契数列与黄金分割

斐波那契数列最值得注意的性质是：

$\frac{1}{1}=1$，$\frac{2}{3}\approx0.667$，$\frac{5}{8}=0.625$，$\frac{13}{21}\approx0.619$，…

$\frac{1}{2}=0.5$，$\frac{3}{5}=0.6$，$\frac{8}{13}\approx0.615$，$\frac{21}{34}\approx0.617$，…

我们可以得到斐波那契数列前一项与后一项的比有如下的规律：奇数项与偶数项的比值大于黄金分割数，偶数项与奇数项的比值小于黄金分割数，并且这样所形成的两个数列一个递减一个递增的，临界值都是 $\frac{-1+\sqrt{5}}{2}$ （0.618）。

37. 哈雷彗星

哈雷彗星是约每76.1年环绕太阳一周的周期彗星，因英国物理学家爱德蒙·哈雷（Halley，1656—1742）首先测定其轨道数据并成功预言回归时间而得名。哈雷彗星的轨道周期为76—79年，下次过近日点为2061年7月28日。哈雷彗星是人类首颗有记录的周期彗星，至少在西元前240年，或西元前466年，在中国、古巴比伦和中世纪的欧洲都有这颗彗星出现的清楚纪录，但是当时并不知道这是同一颗彗星的再出现。据朱文鑫考证：自秦始皇七年（前240）至清宣统二年（1910）共有29次记录，并符合计算结果。

1695年，已是皇家学会书记官的哈雷开始专心致志地研究彗星。哈雷在1705年发表了《彗星天文学论说》，宣布1682年曾引起世人极大恐慌的大彗星将于1758年再次出现于天空（后来他估计到木星可能影响到它的运动时，把回归的日期推迟到1759年）。当时哈雷已年过50，知道在有生之年无缘再见到这颗大彗星了，于是他在书中写道："如果彗星最终根据我们的预言，大约在 1758 年再现的时候,公正的后代将不会忘记这首先是由一个英国人发现的……"

一些人嘲笑哈雷是在说胡话,一些人对哈雷的预言将信将疑,但相信哈雷预言的也大有人在。法国数学家克莱罗(Clairault,1713—1765)在彗星回归前做了精确的预报:由于木星和土星的影响,彗星将在 1759 年 4 月 13 日前后一个月过近日点。

1758 年初,法国天文台的梅西耶(Messier Charles,1730—1817)就动手观测了,希望自己能成为第一个证实彗星回归的人。1759 年 1 月 21 日,他终于找到了这颗彗星。遗憾的是首次观测到彗星回归的光荣并不属于他。原来 1758 年圣诞之夜德国德雷斯登附近的一位农民天文爱好者已捷足先登,发现了回归的彗星。

1759 年 3 月 14 日,哈雷彗星过近日点,正是克莱罗预告时间的前一个月。此时,哈雷已长眠地下 10 多年了。科学家的生命是有限的,但他们对科学的贡献却永世长存。正像哈雷当年所希望的那样,大家没有忘记哈雷,将这颗彗星命名为哈雷彗星。

对哈雷彗星的观测和研究不仅证实了周期彗星的存在,也大大促进了彗星天文学的发展。此外,哈雷彗星还像巡回大使一样周期性地检阅太阳系各大行星并经历各种各样的环境,带回丰富的信息,因此,它的每次回归都引起天文学家的极大兴趣。

哈雷彗星的回归绝大部分时间深居在太阳系的边陲地区,即使用现代最大的望远镜也难以搜寻到它的身影。只有在它回归时的三四个月时间内,地球上的人们才能够见到它。一般来说,人的寿命只有 70 年左右,因此一个人很少能两次看到哈雷彗星。只有一些"幸运星"才有这种机会,第一次看到它是在咿呀学语的幼年,而第二次看到它就到了步履蹒跚的晚年了。

对于哈雷彗星的观测记录,从公元前 613 年到 20 世纪初,汉文载籍中共有 31 次记录,最早的一次在公元前 1057 年。对于太阳黑子的观测,最早见于约公元前 4 世纪甘德的《星占》。正史中关于太阳黑子的记录,始于公元前 28 年。至 1638 年,见于正史中的太阳黑子记录约百余例,散见于其他汉文载籍的记载可能更多。这些珍贵的资料,至今仍有重要的科学研究价值。

中国人对哈雷彗星的记载，最早可上溯到殷商时代。"武王伐纣，东面而迎岁，至汜而水，至共头而坠。彗星出，而授殷人其柄。时有彗星，柄在东方，可以扫西人也！"（《淮南子·兵略训》）据张钰哲推算，这是公元前1057年的哈雷彗星回归的记录。更为确切的哈雷彗星记录是公元前613年（春秋鲁文公十四年）的"秋七月，有星孛入于北斗"。（《春秋左传·鲁文公十四年》）这是世界第一次关于哈雷彗星的确切记录。从公元前240年（战国秦始皇七年）起，哈雷彗星每次回归，中国均有记录。对哈雷彗星的记录有时是很详细的。其中最详细的记录，是公元前12年（汉元延元年）"七月辛未，有星孛于东井，践五诸侯，出何成北率行轩辕、太微，后日六度有余，晨出东方。十三日，夕见西方，犯次妃，长秋，斗，填，蜂炎冉贯紫宫中。大火当后，达天河，除于妃后之域。南逝度犯大角、摄提。至天市而按节徐行，炎入市中，旬而后西去，五十六日与苍龙俱伏。"（《汉书·五行志》）中国古代彗星记录较精确可靠。

38. 数学王子高斯

高斯（Gauss，1777—1855）是德国数学家、物理学家和天文学家，出生于德国布伦兹维克的一个贫苦家庭。父亲格尔恰尔德·迪德里赫先后当过护堤工、泥瓦匠和园丁，第一个妻子和他生活了10多年后因病去世，没有为他留下孩子。后来迪德里赫娶了罗捷雅，第二年他们的孩子高斯出生了，这是他们唯一的孩子。父亲对高斯要求极为严厉，甚至有些过分，常常喜欢凭自己的经验为年幼的高斯规划人生。高斯尊重他的父亲，并且秉承了其父诚实、谨慎的性格。1806年迪德里赫逝世，此时高斯已经做出了许多划时代的成就。

在成长的过程中，幼年的高斯主要得益于母亲和舅舅。高斯的外祖父是一位石匠，30岁那年死于肺结核，留下了两个孩子：高斯的母亲罗捷雅、舅舅弗利德里希。弗利德里希富有智慧，为人热情而又聪明能干，投身于纺织贸易颇有成就。他发现姐姐的儿子高斯聪明伶俐，因此他就把一部分精力花在这位小天才身上，用生动活泼的方式开发高斯的智力。若干年后，已成年并成就显赫的高斯回想起舅舅为他所做的一切，深感对他成才之重要，他想到舅舅多产的思想，不无伤感地说，舅舅去世使"我们失去了一位天才"。正是由于弗利德里希慧眼识英才，经常劝导姐夫让孩子向学者方面发展，才使得高斯没有成为园丁或者泥瓦匠。

在数学史上，很少有人像高斯一样很幸运地有一位鼎力支持他成才的母亲。罗捷雅直到34岁才出嫁，生下高斯时已有35岁了。她性格坚强、聪明贤慧、富有幽默感。高斯一生下来，就对一切现象和事物十分好奇，而且决心弄个水落石出，这已经超出了一个孩子能被许可的范围。当丈夫为此训斥孩子时，她总是支持高斯，坚决反对顽固的丈夫把儿子变得跟他一样无知。罗捷雅真诚地希望儿子能干出一番伟大的事业，对高斯的才华极为珍视。然而，她也不敢轻易地让儿子投入当时尚不能养家糊口的数学研究中。在高斯19岁那年，尽管他已做出了许多伟大的数学成就，但她仍向数学界的朋友鲍耶·法尔卡（Bolyai, 1775—1856）问道："高斯将来会有出息吗？"鲍耶·法尔卡说她的儿子将是"欧洲最伟大的数学家"，为此她激动得热泪盈眶。

7岁那年，高斯第一次上学了。头两年没有什么特殊的事情。1787年高斯10岁，他进入了学习数学的班级，这是一个首次创办的班，孩子们在这之前都没有听说过算术这么一门课程。数学教师是布特纳，他对高斯的成长也起了一定作用。

在全世界广为流传的一则故事说，高斯10岁时算出布特纳给学生们出的将1到100之间所有整数加起来的算术题，布特纳刚叙述完题目，高斯就算出了正确答案5050。

高斯的计算能力强，归结于高斯独到的数学方法、非同一般的创造力。这使布特纳对他刮目相看，他特意从汉堡买了最好的算术书送给高斯，说："你已经超过了我，我没有什么东西可以教你了。"接着，高斯与布特纳的助手巴特尔斯建立了真诚的友谊，直到巴特尔斯逝世。他们一起学习，互相帮助，高斯由此开始了真正的数学研究。

1788 年，11 岁的高斯进入了文科学校，他在新的学校里，所有的功课都极好，特别是古典文学、数学尤为突出。经过巴特尔斯等人的引荐，布伦兹维克公爵召见了 14 岁的高斯。这位朴实、聪明但家境贫寒的孩子赢得了公爵的同情，公爵慷慨地提出愿意作高斯的资助人，让他继续学习。布伦兹维克公爵在高斯的成才过程中起了举足轻重的作用。不仅如此，这种作用实际上反映了欧洲近代科学发展的一种模式，表明在科学研究社会化以前，私人的资助是科学发展的重要推动因素之一。高斯正处于私人资助科学研究与科学研究社会化的转变时期。

1792 年，高斯进入布伦兹维克的卡罗琳学院继续学习。1795 年，公爵又为他支付各种费用，送他进入德国著名的哥廷根大学，这样就使得高斯得以按照自己的理想，勤奋地学习和开始进行创造性的研究。1796 年，高斯证明了可以用尺规作正十七边形。1799 年，高斯完成了博士论文《每个单变量的整有理代数函数均可分解为一次和两次实因式积的新证明》（代数基本定理），回到家乡布伦兹维克，正当他为自己的前途、生计担忧而病倒时（虽然他的博士论文顺利通过了，已被授予博士学位，同时获得了讲师职位，但他没能成功地吸引学生，因此只能回老家），又是公爵伸手救援他。公爵为高斯付了长篇博士论文的印刷费用，送给他一幢公寓，又为他印刷了《算术研究》，使该书得以在 1801 年问世，还负担了高斯的所有生活费用。所有这一切，令高斯十分感动。他在博士论文和《算术研究》中写下了情真意切的献词："献给大公""你的仁慈，将我从所有烦恼中解放出来，使我能从事这种独特的研究"。

1806 年，公爵在抵抗拿破仑统帅的法军时不幸阵亡，这给高斯以沉重打击。他悲痛欲绝，长时间对法国人有一种深深的敌意。大公的去世给高斯带来了经济上的拮据，德国处于法军奴役下的不幸，以及第一个妻子的逝世，这一切使得高斯有些心灰意冷，但他是位刚强的男人，从不向他人透露自己的窘况，也不让朋友安慰自己的不幸。只是在 19 世纪人们整理他的未公布于众的数学手稿时才得知他那时的心态。在一篇讨论椭圆函数的手稿中，突然插入了一段细微的铅笔字："对我来说，死去也比这样的生活更好受些。"

慷慨、仁慈的资助人去世了，因此高斯必须找一份合适的工作，以维持一家人的生计。由于高斯在天文学、数学方面的杰出工作，他的名声从 1802

年起就已开始传遍欧洲。彼得堡科学院不断暗示他，自从 1783 年欧拉（Euler，1707—1783）去世后，欧拉在彼得堡科学院的位置一直在等待着像高斯这样的天才。公爵在世时坚决劝阻高斯去俄国，他甚至愿意给高斯增加薪金，为他建立天文台。现在，高斯又在他的生活中面临着新的选择。

为了不使德国失去最伟大的天才，德国著名学者洪堡（Humboldt，1767—1835）联合其他学者和政界人物，为高斯争取到了哥廷根大学享有特权的数学和天文学教授，以及哥廷根天文台台长的职位。1807 年，高斯赴哥廷根就职，全家迁居于此。从这时起，除了到柏林去参加一次科学会议以外，他一直住在哥廷根。洪堡等人的努力，不仅使得高斯一家人有了舒适的生活环境，高斯本人可以充分发挥其天才，而且为哥廷根数学学派的创立、德国成为世界科学中心和数学中心创造了条件。同时，这也标志着科学研究社会化的一个良好开端。

高斯的学术地位，历来被人们推崇得很高。他有"数学王子""数学家之王"的美称，被认为是人类有史以来"最伟大的三位（或四位）数学家之一"（阿基米德、牛顿、高斯或加上欧拉）。人们还称赞高斯是"人类的骄傲"。天才、早熟、高产、创造力不衰……，人类智力领域的几乎所有褒奖之词，对于高斯都不过分。

还有高斯发现了最小二乘法，并用它测算出小行星谷神星的运动轨迹。高斯还将正态分布应用于天文学研究，故正态分布又叫高斯分布，德国政府为表彰高斯的重大文明贡献，将高斯头像和正态分布的密度曲线印在 1989 年至 2001 年流通的 10 元德国马克纸币上。高斯的名言"宁可少些，但要好些"。正是这种力求完美的性格，高斯发现了"非欧几何"也不敢发表。

高斯的研究领域，遍及纯粹数学和应用数学的各个领域，并且开辟了许多新的数学领域，从最抽象的代数数论到内蕴几何学，都留下了他的足迹。从研究风格、方法乃至所取得的具体成就方面，他都是 18—19 世纪的中坚人物。如果我们把 18 世纪的数学家想象为一系列的高山峻岭，那么最后一个令人肃然起敬的巅峰就是高斯；如果把 19 世纪的数学家想象为一条条江河，那么其源头就是高斯。

虽然数学研究、科学工作在 18 世纪末仍然没有成为令人羡慕的职业，但高斯依然生逢其时，因为在他快步入而立之年之际，欧洲资本主义的发展，使各国政府都开始重视科学研究。随着拿破仑对法国科学家、科学研究的重视，俄国的沙皇以及欧洲的许多君主也开始对科学家、科学研究刮目相看，科学研究的社会化进程不断加快，科学的地位不断提高。作为当时最伟大的科学家，高斯获得了不少的荣誉，许多世界著名的科学泰斗都把高斯当作自己的老师。

1802年，高斯被俄国彼得堡科学院选为通讯院士、喀山大学教授；1877年，丹麦政府任命他为科学顾问，这一年，德国汉诺威政府也聘请他担任政府科学顾问。

高斯的一生，是典型学者的一生。他始终保持着农家的俭朴，使人难以想象他是一位大教授，世界上最伟大的数学家。他先后结过两次婚，几个孩子曾使他颇为恼火。不过，这些对他的科学创造影响不太大。在获得崇高声誉、德国数学开始主宰世界之时，一代天骄走完了生命旅程。

数学名题与猜想

几何尺规作图问题

几何尺规作图问题是指作图限制只能用直尺、圆规，而这里的直尺是指没有刻度只能画直线的尺。

几何尺规作图问题包括以下四个问题：

（1）化圆为方：求作一正方形使其面积等于一已知圆；

（2）三等分任意角；

（3）倍立方：求作一立方体使其体积是一已知立方体的二倍；

（4）做正十七边形。

以上四个问题一直困扰数学家两千多年都不得其解，而实际上这前三大问题都已证明不可能用直尺圆规经有限步骤解决。第四个问题是高斯用代数的方法解决的，他也视此为生平得意之作，还交代要把正十七边形刻在他的墓碑上，但后来他的墓碑上并没有刻上十七边形，而是十七角星，因为负责刻碑的雕刻家认为，正十七边形和圆太像了，大家一定分辨不出来。

39. 关于国际象棋的一个故事

国际象棋起源于古印度，至今见诸文献最早的记录是在萨珊王朝时期用波斯文写的。据说，有位印度教宰相西萨·班·达依尔见国王自负虚浮，决定给他一个教训。他向国王推荐了一种在当时尚无人知晓的游戏。国王当时整天被一群溜须拍马的大臣们包围，百无聊赖，很需要通过游戏方式来排遣郁闷的心情。

国王对这种新奇的游戏很快就产生了浓厚的兴趣，高兴之余，他便问那位宰相，作为对他忠心的奖赏，他需要得到什么赏赐呢？宰相开口说道：请您在棋盘上的第1个格子上放1粒麦子，第2个格子上放2粒，第3个格子上放4粒，第4个格子上放8粒……即每一个次序在后的格子中放的麦粒都必须是前一个格子麦粒数目的两倍，直到最后一个格子第64格放满为止，这样我就十分满足了。"好吧！"国王哈哈大笑，慷慨地答应了宰相的这个谦卑的请求。

根据历史传说记载，等到麦子成熟时，国王才发现，按照与宰相的约定，全印度的麦子竟然连棋盘一半的格子数目都不够。让我们来分析一下：由于每个格子里的麦粒数都是前一个格子里的麦粒数的2倍，且共有64个格子，各个格子里的麦粒数依次是 1，2，2^2，2^3，2^4，2^5，…，2^{63}。于是宰相要求的麦粒总数就是等比数列的前64项和。这位宰相索要的麦粒数目 $2^{64}-1$ 实际上是天文数字，超过了 $1.84×10^{19}$。如果1000粒麦粒的质量约为40克，那么以上这些小麦的总重量为7000亿吨以上，约是2016—2017年度世界小麦产量的981倍。因此，国王根本不可能实现他的诺言。

> **数学名题与猜想**
>
> ## 百鸡问题
>
> 百鸡问题记载于中国古代约 5—6 世纪成书的《张邱建算经》中，是原书卷下第 38 题，也是全书的最后一题：今有鸡翁一，值钱五；鸡母一，值钱三；鸡雏三，值钱一。凡百钱买鸡百只，问，鸡翁、母、雏各几何？

40. 数学归纳法的由来

递归证明的思想早就产生了。当人们一接触到涉及无限集合（最先遇到的就是自然数集合）的命题时，自然要求由有限过渡到无限，这样才能证明有关的命题。可靠的归纳推理，即数学归纳法的早期例证可举欧几里得（Euclid，约前 330—前 275）对素数个数无穷的证明。虽然其中递归推理过程不甚明显，但基本思想却是由递归原理指导的，他在证明这个定理时，指出若有 n 个素数，就必有 $n+1$ 个素数；而由于既有第一个素数，故素数的个数必为无穷。欧几里得也许还没有自觉意识到，这个包括归纳步骤和传递步骤的推理，对于证明有关无穷个自然数的情况是充分有效的，是他们所崇尚的演绎推理的一种重要变式。

14 世纪法国犹太数学家本·吉尔森（ben Gerson，1288—1344）在写于 1321 年的《数之书》中证明 n 个元素的全排列数 $n!$ 时，就是用递推方法证明的。吉尔森先证明了完成归纳步骤所必须的递推方法 $A_{n+1}^{n+1}=(n+1)A_n^n$，然后说从 A_1^1 可以一直推到无穷。

16 世纪意大利数学家、物理学家、天文学家毛罗利科（Maurlico，1494—1575）首先对与全体自然数有关的命题的证明做了深入的考察。毛罗利科认识到对像 $1+3+5+\cdots+(2n-1)=n^2$ 这样的命题，采取逐一用数代入式子进行校验的做法，不是严格意义上的数学证明，要把所有的自然数一个个都来校验是不可能的，因为自然数有无穷个。那么怎样做到对这类命题证明的完全性呢？毛罗利科认为递归推理是一个好办法。所谓递归推理是指这样的一种思想方法，它首先说命题对于第一个自然数是真的，然后确认命题具有递推性质，即如果这个命题对于某个自然数是真的，那么作为一种逻辑的必然（由递推式决定），它对于该数的后继数也是真的。于是，根据递归特性，命题对于第一个自然数的后继数为真，则对于第二个自然数也为真；对于第二个自然数的后继数为真，则对于第三个自然数也为真，如此类推，直到将整个自然数集穷举完毕。1575 年毛罗利科在他所著的《数学文摘》一书中，明确地提出了这个思想方法。

毛罗利科提出的递归推理思想由 16 世纪法国数学家、物理学家帕斯卡（Pascal，1623—1662）提炼和发扬，数学归纳法的应用体现在 1662 年帕斯卡的《三角算术运算》一书中。在该书中，他最先明确而清晰地指出了数学归纳法的两个步骤，他称之为第一条引理和第二条引理。他说，虽然这个命题（指二项展开式系数，现代记为 C_n^r）包括无限多种情况，但是我将给它一个简短的说明。假定两条引理成立：

引理 1：该命题对于第一个底（$n=1$）成立，这是显然的。

引理 2：如果对于任一底（任一 n）成立，它必然对其下一个底（$n+1$）成立。

由此可见，它必定对所有的 n 值都成立。接着，他用这两个引理证明计算 C_n^r，这也是明确而清晰地用数学归纳法证明的第一个数学命题。帕斯卡是使用和精粹数学归纳法证明形式的第一人。

1686 年，瑞士数学家雅各布·伯努利（Jakob Bernouli，1654—1705）提出了表示任意自然数的符号，在他的《猜度术》一书中，给出并使用了现代形式的数学归纳法。之后数学归纳法开始得到世人的承认并得到数学界日益广泛的应用。1838 年英国数学家德·摩尔根（De Morgan，1806—1871）在其《小百科全书》的引言中称其为逐次归纳法或完全归纳法。在引言的结尾处，又提出了"数学归纳法"这个名称，比起逐次归纳法来，人们似乎更加喜欢数学归纳法这个名称，因为后者更能表明它的论证可靠性。

如果说数学归纳法早就被明确提出并广泛应用，在数学中的地位已经完全确立，但是仔细想来，数学归纳法的逻辑基础却仍然是不明确的。数学归纳法是说，一个对 $n=1$ 为真的命题，如果它对任一数为真，则其后继数也真，则这命题对一切数都真。人们不禁要问，何以断定每一个数都有其后继数，这个问题不解决，自然也就谈不上数学归纳法的可靠性，后继数问题涉及自然数理论，所以数学归纳法的逻辑基础问题，与自然数理论联系着。1898 年，意大利数学家皮亚诺（Peano，1858—1932）建立自然数的公理体系时，把数学归纳法思想作为自然数的公理之一（归纳公理）确立起来，这才为数学归纳法奠定了坚实的基础。

数学名题与猜想

蜂窝猜想

古希腊数学家帕普斯（Pappus，3—4 世纪）提出，蜂窝的优美形状，是自然界最有效劳动的代表。他猜想，人们所见到的，截面呈六边形的蜂窝，是蜜蜂采用最少量的蜂蜡建造成的。他的这一猜想称为"蜂窝猜想"。

41. 多米诺骨牌

宋朝的牌九——最初的多米诺骨牌。

提到多米诺骨牌效应，还要从我国的宋朝开始说起。宋徽宗宣和二年

（1120），民间出现了一种名叫"骨牌"的游戏。这种骨牌游戏在宋高宗时期传入宫中，随后迅速在全国盛行。当时的骨牌多由牙骨制成，所以骨牌又有"牙牌"之称，民间则称之为"牌九"。

1849年8月16日，一位名叫多米诺的意大利传教士把这种骨牌带回了米兰作为最珍贵的礼物送给了小女儿。多米诺为了让更多的人玩上骨牌，制作了大量的木制骨牌，并发明了各种的玩法。不久，木制骨牌就在意大利及整个欧洲迅速传播，骨牌游戏成了欧洲人的一项高雅运动。

后来，人们为了感谢多米诺给他们带来这么好的一项运动，就把这种骨牌游戏命名为"多米诺"。到19世纪，多米诺已经成为世界性的运动。在非奥运项目中，它是知名度最高、参加人数最多、扩展地域最广的体育运动。

随着多米诺骨牌的流行，多米诺成了一种流行用语。在一个相互联系的系统里，一个很小的初始能量就可能产生一系列的连锁反应，人们称之为多米诺骨牌效应或多米诺效应。

多米诺骨牌游戏可以帮助我们更好理解数学归纳法原理。

数学名题与猜想

考拉兹猜想

考拉兹猜想又称为冰雹猜想、奇偶归一猜想、角谷猜想。猜想内容是说对于任意正整数 n，若 n 为偶数，则除以2；若 n 为奇数，则乘3再加1，如此反复，其结果最终必会达到1。

---

42. 微积分的起源与发展

1. 古代东西方微积分思想的萌芽

微积分学的核心概念之一——极限，其理论的完善得益于19世纪柯西

(Cauchy，1789—1857)和外尔斯特拉斯（Weierstrass，1815—1897）的工作，但极限的观念、思想可以追溯到遥远的古代。

公元前5世纪，古希腊的安提丰（Antiphon，前426—前373）提出"穷竭法"，公元前4世纪由欧多克斯（Eudoxus，前408—前355）作了补充和完善，他们用来求平面圆形的面积和立体的体积。方法记载在欧几里得（Euclid，约前330—前275）的《几何原本》中，公元前3世纪阿基米德（Archimedes，前287—前212）用"穷竭法"求圆的面积，认为圆的面积与正内接（外切）多边形面积之差可以被"竭尽"，得圆周率约等于3.14。西方人在17世纪（1647）时称这种没有极限步骤，但给出证明蕴含极限思想的求积方法为"穷竭法"。

中国公元前4世纪春秋战国时代学者惠施称："一尺之棰，日取其半，万世不竭"（《庄子·天下篇》）。安提丰的"穷竭法"和惠施的"一尺之棰"都是极限思想的滥觞。至公元3世纪，三国魏人刘徽（约225—295）作《九章算术注》，提出"割圆术"。刘徽认为："割之弥细，失之弥少，割之又割，以至于不可割，则与圆合体而无所失矣。"这种思想也含有积分的雏形。刘徽的工作影响较大，后来祖冲之（429—500）取得了更好的结果。

积分思想，源自欧多克斯的穷竭法。古希腊最接近积分的是阿基米德于公元前225年求抛物线弓形面积的工作，他在抛物线弓形与其内接最大的三角形的每一个空间中又内接一个新的三角形，这三角形与剩余空间同底同高，这样无限进行下去，最后的三角形就非常小了，他的方法实际上也是无穷级数求和最早的例子。

中国古代思想家荀况（前313—前238）的《荀子·大略》中有"尽小者大，积微者著"一语，之后南朝宋思想家、天文学家何承天（370—447）"积微之量"一说也继承这种思想。至11世纪宋代沈括（1031—1095）在《梦溪笔谈》中也提到"造微之术"，当代英国著名科学史专家李约瑟博士（1900—1995）认为，他的思想和600年后微积分先驱者卡瓦列里（Cavalieri，1598—1647）的无穷小求和相当，沈括知道，分割的单元愈小，所求得的体积、面积愈精确。上述这些思想尽管没有导致微积分在中国诞生，但对清代李善兰（1811—1882）将西方微积分学介绍到国内，著《代微积拾级》，首创"微分"

"积分"等许多贴切的中文译名不无影响，也说明我国古代微积分的观念发端甚早，渊源很深。

古代由几何问题引起极限、微积分等思想观念萌芽的出现，所用方法本质上是静态的，只有牛顿（Newton，1643—1727）、莱布尼茨（Leibniz，1646—1716）在他们先驱者所做工作的基础上，发展成动态分析的方法。

2. 微积分创立前夕欧洲的思想和社会背景

15—16世纪的文艺复兴运动使欧洲的精神文化面貌发生了深刻的变化，对自然界的研究蓬勃发展，数学也活跃了起来。这一时期，人们的独立思考和自由探讨的精神得到了发扬，对于过去的文化遗产，人们都投以审视的目光，然而，数学的严密逻辑性赢得人们特殊的重视和信赖，都认为数学知识确定无疑，达·芬奇（Da Vinci，1452—1519）指出"除非通过数学上的说明和论证，人们的探讨不能称为科学的"。达·芬奇为艺术大师，也精通数学，西画所采用的透视法就基于数学原理，据说达·芬奇的名作《最后的晚餐》，犹大就位于画面长度的 0.618 : 0.382 的分点处。当时人们都崇尚黄金分割，认为 0.618 蕴含着和谐之美。

17世纪是从布鲁诺（Bruno，1548—1600）捍卫哥白尼（Copernicus，1473—1543）的太阳中心说，并为真理献身揭开序幕的。1632年，伽利略（Galileo，1564—1642）宣传哥白尼学说，出版《关于托勒密与哥白尼两大世界体系的对话》，1633年受罗马教廷迫害，他坚定的科学信念为后世所景仰。

教会势力对科学的迫害，阻挡不了人们对自然深入研究的热情，对数学感兴趣的，不仅有职业数学家和教师，还有业余爱好者。但由于历史的局限，当时的科学家不可能成为无神论者，古希腊的毕达哥拉斯（Pythagras，约前580—前500）称"万物皆数"。伽利略认为：数学是上帝用来书写宇宙的文字。他们相信上帝按数学方式设计了大自然，进行研究就是为了发现上帝赋予的次序与和谐，从混沌中发现有序是数学的伟大使命。

在社会变革和生产力发展方面，1640年，英国资产阶级革命爆发。1649年，英王查理一世被处死，革命达到了高潮。欧洲一些国家处于资本主义上升时期，生产力得到空前发展，航海、工商业、工程建筑设计都发达起来，研究物体的运动和变化成了日益迫切的课题，力学在各门学科中首先兴盛，但它的进步必须依靠数学,各种实际问题(包括古老的天文学问题以及历史悠久的面积、体积测算)都要求数学引入新的概念,提出更有效的算法。

就科学本身而言,17 世纪时开始了它的革命化、数学化的进程,笛卡尔(Descartes,1596—1650)说,科学的本质是数学;伽利略认为,任何科学分支都应在数学模型上取图案。伽利略、惠更斯(Huygens,1629—1695)、牛顿(Newton,1643—1727)都相信,科学中演绎数学所起的作用比实验作用还要大。他们是科学数学化的推动者。这种进程现在还在延续,并有加速的趋势。数学已渗透到生命科学、社会科学等过去从未涉足的领域。当时,以力学方面的需要为中心,至少有 4 类问题直接导致微积分的诞生。

(1) 已知物体移动的距离表示为时间的函数的公式,求物体在任意时刻的速度和加速度(还有反问题的求解)。

(2) 曲线切线问题,透镜设计要考虑曲线的法线,实际上就是求切线,运动物体在任一点处的运动方向即该点的切线方向。

(3) 炮弹射程问题,求获得最大射程的发射角,求行星离太阳最远、最近距离(近日点、远日点),讨论函数的最大值、最小值。

(4) 曲线的弧长,曲线围成的平面图形的面积,曲面围成的立体体积,物体重心,引力,等等。

思想的解放、生产力的发展、科学的革命化促使人们去思索,解决这些迫切需要解决的问题,经过长时间的研究、讨论、酝酿,有关的知识渐渐积累起来了,一些最活跃的人物理当称为微积分学的先驱。

3. 微积分学先驱者的重要贡献

3.1 笛卡尔、费马和解析几何学的诞生

笛卡尔年轻时在军队服役,那时他就孜孜不倦地研究数学,他说:"……我决心放弃那仅仅是抽象的几何,这就是说,不再去考虑那些仅仅用来练习思想的问题(指欧几里得几何问题),我这样做,是为了研究另一种几何,即目的在于解释自然的几何。"笛卡尔经过日日夜夜的苦思冥想,在连续梦境的第二天,"开始懂得这惊人发现的道理"。这个惊人的发现即坐标几何(今称为解析几何)。笛卡尔创立的解析几何要与传统的古希腊的几何决裂。1637 年,他出版了名著《更好地指导推理和科学真理的方法论》(简称《方法

论》）有三个附录，其一为《几何》，表达了他用方程表示曲线的思想（将代数用于几何）。选定一条直线为基线，取一点 A 为原点，X 为基线上的点到 A 的线段长度，过基线上的该点作一线段，与基线成固定角度（现取 90 度），Y 值即此线段的长。这样就引入了笛卡尔的坐标系，线段的另一端点就描出一条曲线。给定含 X、Y 的一个方程（X、$Y \geqslant 0$）都可以求出它的曲线，他着重于方程的轨迹（图形），在曲线领域内迈了一大步。此外，他还引入了变量（变数）的思想，称一些量为"未知和未定的量"，相当于现在的变量。恩格斯指出："数学中的转折点是笛卡尔的变数，有了变数，运动进入了数学；有了变数，辩证法进入了数学；有了变数，微分和积分就立刻成为必要的了。"

另一位创立者费马（Fermat，1601—1665）于 1629 年提出解析几何的基本原理，他强调的是轨迹的方程，这恰好与笛卡尔所考虑的解析几何是相辅相成的两个方面，共同点为集中考察了含连续变量的不确定方程 $F(x, y) = 0$，而不是韦达（Vieta，1540—1603）所研究的解为常数的一元二次方程，费马还研究了切线的作法，它的方法有现代微分学的形式，他是考虑函数在极值点附近的特性解决极植的第一个人，认为"一个数量达到它的最大值或最小值的时刻，它的变化好像停止了"[即变化率为 0，$f'(x)=0$]。

3.2 伽利略与近代科学方法论的奠基

伽利略是近代科学法论的奠基人，他的科学研究方式第一次采用了实验和数学模型相结合的方法，甚至认为数学推导演绎比实验作用还要大，他用这种方法结合在比萨斜塔做的著名试验，指出落体的距离与时间的平方成正比，$S=kt^2$，揭示了自由落体的规律，为近代的第一个数学模型，也具备函数概念的初步形式。事实上，他对问题作了抽象、简化，先不考虑阻力，然后再考虑有介质的情形。美国数学史家克莱因（Kline，1908—1992）说"数学的抽象方法确实离开了现实，说也奇怪，当回到现实时，它却比把所有因素考虑进去更有力"。牛顿等人也接受这种思想，认为科学研究不必要做太多的实验，重要的是数学的描述，牛顿的万有引力定律的发现是一个最成功的范例。

3.3 其他先驱者的工作

17世纪求面积、体积、曲线长，始于开普勒（Kepler，1571—1630）怀疑酒商的酒桶体积，发表的《测量酒桶体积的新科学》指出旋转体的体积是非常薄的圆盘体积之和（"无限多个无限小元素之和"），卡瓦列里（Cavalieri，1598—1647）求积提出不可分量法，认为面积是无数个等距平行线段构成的。线是由点构成的，就像链由珠子穿成一样；面是由直线构成的，就像布由线织成一样；立体是由平面构成的，就像书由页组成一样。卡瓦列里的理论是欧多克斯的"穷竭法"到牛顿、莱布尼兹的过渡。托里拆利（Torricelli，1608—1647）对他的方法做了改进，更接近于现代积分。帕斯卡（Pascal，1623—1662）将纵坐标之和发展为无限多个矩形之和，也接近于现代积分。费马克服了卡瓦利里的方法缺点，全过程几乎采用了现代积分，用小矩形面积近似小曲边形面积，最后用相当于和式极限的方法得到正确结果，他求了一个幂函数曲线下的曲边形的面积。之后还有华里斯（Wallis，1616—1703），罗贝瓦尔（Roberval，1602—1675）的工作。尽管费马已站在积分发明的大门口，但上述这些人都没有提炼出更有价值和普遍意义的东西。

微分的研究源于对切线，极值和运动速度等问题的处理。对于切线，早期有笛卡尔、罗贝瓦尔、托里拆利的工作。开普勒用列表法确定最大体积，注意到体积接近最大值时，由尺寸的变化引起体积的变化越来越小，这正是 $f'(x)=0$ 的原始形式。费马的切线作法载于他 1637 年发的手稿《求最大值和最小值的方法》中。巴罗（Barrow，1630—1677）的求切线方法，考虑了"微分三角形"（一边为 dx，一边为 dy，一边为 ds），认识到 $\dfrac{\Delta y}{\Delta x}$ 的重要性。

恩格斯称赞说："当直线和曲线的数学可以说山穷水尽的时候，一条新的几乎无穷无尽的道路，由那种把曲线视为直线（微分三角形）并把直线视为曲线（曲率无限小的一次曲线）的数学开拓出来了。"

4. 最后的一步归功于牛顿、莱布尼茨

在牛顿、莱布尼茨做最后冲刺前，微分、积分的知识已积累起来，尚未有人发现更具有本质、更有普遍意义的内涵，更谈不上指出两者之间的联系，尽管巴罗已认识到微分是积分之逆，费马的工作也到了微积分创立边缘，但是，他们没能走出这最后、最高的一步，这一步归功于牛顿、莱布尼兹。

牛顿、莱布尼茨所要做的工作是创立一个具有划时代意义的新学科，应当包括：

（1）纯洁概念。特别是建立变化率的概念。

（2）提炼方法。把解决各种具体问题的方法加以提炼，创立有普遍意义的微积分方法。

（3）改变形式。变概念和方法论述的几何形式为解析形式，使它应用更广。

牛顿继承和总结了先辈的思想和方法做出自己独创的建树，伽利略、开普勒、费马、华里斯特别是老师巴罗对他有直接影响。1664年到1666年，牛顿提出流数理论，建立了一套求导数的方法，他把自己的发现称为"流数术"，牛顿是伟大的物理学家，他致力于物体的力和运动的研究，正如爱因斯坦（Einstein，1878—1955）在1942年12月25日纪念牛顿诞生300周年时所说："速度和速度变率——在任何被设想为无大小的物质（质点）的运动的情况下，那就是加速度，这两个概念首先必须以数学的准确性来表达，这项任务导致牛顿发明了微积分的基础。"

牛顿称连续变化的量为流动量或流量，用英文字母表最后几个字母 V、X、Y、Z 等来表示，X 的无限小的增量 ΔX 为 X 的瞬（X 为时间时，即无限小的时间间隔为瞬，用小写字母 o 表示）。流量的速度，即流量在无限小的时间间隔内的变化率，称为流数，用带点的字母 $\dot{x}$，$\dot{y}$ 表示。牛顿的"流数术"就是以流量、流数和瞬为基本概念的微分学，牛顿用有限差分的最初比和最终比来描述"流数"，如函数 $y=x^n$（n 为正整数），流量 x 从 x 流动到 $x+o$，函数值的增量 $(x+o)^n-x^n$，瞬 o 与增量之比（最初比）$\dfrac{(x+o)^n-x^n}{o}$，当 o 消失时，最后比即 $1:nx^{n-1}$，相当于 $\dfrac{dy}{dx}=nx^{n-1}$。

尽管没有明显的极限步骤，对瞬的性态也不太清楚，但牛顿不仅引入了导数，还明确了导数是增量比极限的思想。牛顿在1669年写的《运用无限多项方程的分析学》（1711年才出版）不仅给出求一个变量对另一个变量的瞬时变化率的普遍方法，而且还证明了"面积可以由变化率的逆过程得到"。牛顿引入了分部积分法、变量代换法，1671年制作了积分表，又解决了极值、曲线拐点问题，提出了曲率公式，方程求根的切线法，曲线弧长计算方式，且得到许多重要函数的无穷级数表达式，牛顿为微积分的创立做了划时代的奠基工作，足迹几乎遍布每一个数学分支。他提出了牛顿－格里高里（Gregory，1638—1675）内插公式，后来被泰勒（Taylor，1685—1731）发展成为泰勒公式以至泰勒级数。甚至在基本停止数学研究之后，只用了晚饭前的一点余暇时间就解决了所谓"最速降线问题"，所求曲线即摆线，牛顿为变分学的建立作出了杰出贡献。牛顿的巨著《自然哲学之数学原理》是留给后人的宝贵遗产。

牛顿的著作迟迟不肯发表，有人认为他对新学科的基础不满意，也有人说他怕人家批评。牛顿的工作是创造性的，他认为，除了不屈不挠和保持警觉清醒这两点外和别人没有什么区别，当人们问他如何做出这些发现时，他总是回答说："经常不断地想它们。"牛顿是审慎、严谨的，又着虚怀若谷的精神，他说："若说我比笛卡尔看得更远一些的话，那是因为我站在巨人肩上的缘故。"他以天真的童心，把自己比作海边拾贝的孩子，寻找的是光滑的卵石和美丽的贝壳，展现在面前的是未知的大海。

莱布尼茨1646年生于德国，微积分的思想最初体现在他1675年的手稿中，1673—1676年之间得到微积分研究的主要结果。他认识到求曲线的切线依赖于纵坐标、横坐标之差，求积依赖于无限薄矩形面积之和，求和与求差可逆。1675年，他断定一个事实，作为求和过程的积分是微分的逆（即牛顿－莱布尼兹定理），他给出 $dx^n = nx^{n-1}dx, \int x^n dx = \frac{1}{n+1}x^{n+1}$（$n$ 是整数或分数），1677年给出函数的和差积商微分公式，1680年给出弧微分和旋转体体积公式。莱布尼兹发明了许多至今仍在用的符号，如 $dx, \frac{dy}{dx}, \int$，等等，他的工作大胆且富有想象力。

牛顿首先是物理学家，速度是中心概念，多考虑流数之逆不定积分；莱布尼茨是哲学家，着眼于物质的最终构成是微粒，故注重求和，积分为无穷多个无限窄的矩形之和，多考虑的是定积分。但他们都清楚积分的两个方面。牛顿、莱布尼茨的最大功绩是将两个貌似不相关的问题——切线问题和求积问题联系起来，建立了两者的桥梁。

1665—1666年，牛顿发明了微积分；莱布尼茨于1673—1676年发明了微积分。而莱布尼茨先于牛顿，在1684—1686年发表了微积分，牛顿则在1704—1736年才发表了微积分。于是发生了所谓"优先权"的争论，英国数学家捍卫他们的牛顿，指责莱布尼茨剽窃，而欧洲大陆的数学家支持莱布尼茨。事实上，他们彼此独立地创立了微积分。莱布尼茨称赞牛顿："在从世界开始到牛顿生活的年代的全部数学中，牛顿的工作超过了一半。"

5. 微积分的影响与后人对微积分学的评价

5.1 微积分学的诞生是建立了一个完全崭新的学科

新的微积分学引进了与先辈的工作根本不同的概念和方法。经过牛顿、莱布尼茨的工作，微积分成为一门完全新的、要求有自身基础的学科，虽然数学家当时还没有意识到这一点，但他们确实已与过去决裂。

初创的微积分学的许多概念和理论是含混不清的，如无穷小、极限等，其数学基础的建立有待后世的数学家们给分析注入严密性，开始有布尔查诺（Bolzano，1781—1848）、柯西（Cauchy，1789—1857）、阿贝尔（Abel，1802—1829）、狄利克雷（Dirichlet，1805—1859）的工作，由外尔斯特拉斯（Weierstrass，1815—1897）进一步完善。

5.2 以微积分学为基础，产生了一些主要的数学新分支

17世纪的伟大成就是微积分，由此起源产生了数学的一些主要的新分支：微分方程、无穷级数、微分几何、变分法、复变函数，18世纪的人们将致力于这些分支的发展。

5.3 微积分是人类精神的最高胜利

恩格斯指出，只有微积分学才有可能使自然科学用数学来表明状态，并且也表明过程、运动。他又说："在一切理论成就中，未必再有什么像17世纪下半叶微积分的发明那样被看作人类精神的最高胜利了。"

5.4 微积分学是数学自身改造的最高成就

李约瑟博士（Joseph Needham，1900—1995）认为，数学本身总要改造的，必须使数学本质更接近于物理学，服从于运动，不是从它的"现在"，而是从它的"变化"或"流动"来看问题，微积分就是这种改造运动的最高成就。数学思想和材料缓慢地积累了100多年，突然在牛顿、莱布尼茨手中进

发出拥有新方法、新观点的发明，数学达到了一个相当高的水平，英国诗人雪莱（Shelley，1792—1822）热情讴歌微积分学的诞生，把它比喻为雪崩："一片一片的雪花，经过暴风的再三筛选，积成巨大的雪团，它在阳光的激发下，形成雪崩。思想也是这样：一点一滴地积累在不怕上帝的人心中，终于迸发出伟大的真理，在万国引起回响。"

43. 牛顿

牛顿（Newton，1643—1727），英国物理学家、数学家、天文学家、自然哲学家，著有《自然哲学的数学原理》《光学》《二项式定理》和《微积分》。他在 1687 年发表的论文《自然哲学的数学原理》里，对万有引力和三大运动定律进行了描述。这些描述奠定了此后三个世纪里物理世界的科学观点，并成为了现代工程学的基础。在力学上，牛顿阐明了动量和动量守恒的原理。在光学上，他发明了反射望远镜。在数学上，牛顿与莱布尼茨（Leibniz，1646—1716）分享了发明微积分学的荣誉。他也证明了广义二项式定理，提出了"牛顿法"以趋近函数的零点，并为幂级数的研究作出了贡献。

1. 光的微粒说

从 1670 年到 1672 年，牛顿负责讲授光学。在此期间，他研究了光的折射，表明棱镜可以将白光发散为彩色光谱，而透镜和第二个棱镜可以将彩色光谱重组为白光。他还通过分离出单色的光束，并将其照射到不同的物体上的实验，发现了色光不会改变自身的性质。牛顿还注意到，无论是反射、散射或发射，色光都会保持同样的颜色。因此，我们观察到的颜色是物体与特定有色光相合的结果，而不是物体产生颜色的结果。

从这项工作中，他得出了如下结论：任何折光式望远镜都会受到光散射成不同颜色的影响，并因此发明了反射式望远镜（现称作牛顿望远镜）来回应这个问题。他自己打磨镜片，使用牛顿环来检验镜片的光学品质，制造出了优于折光式望远镜的仪器，而这都主要归功于其大直径的镜片。1671年，他在皇家学会上展示了自己的反射式望远镜。皇家学会很感兴趣鼓励了牛顿发表他关于色彩的笔记，这在后来扩大为《光学》一书。但当罗伯特·胡克（Robert Hooke，1635—1703）批评了牛顿的某些观点后，牛顿对其很不满并退出了辩论会。两人自此以后成为了敌人，一直持续到胡克去世。

牛顿认为光是由粒子或微粒组成的，并会因加速通过光密介质而折射，但他也不得不将它们与波联系起来，以解释光的衍射现象。而其后世的物理学家们则更加偏爱以纯粹的光波来解释衍射现象。现代的量子力学、光子以及波粒二象性的思想与牛顿对光的理解只有很小的相同点。

在1675年的著作《解释光属性的解说》中，牛顿假定了以太的存在，认为粒子间力的传递是透过以太进行的。不过牛顿在与神智学家亨利·莫尔（Henry More）接触后重新燃起了对炼金术的兴趣，并改用源于汉密斯神智学中粒子相吸互斥思想的神秘力量来解释，替换了先前假设以太存在的看法。拥有许多牛顿炼金术著作的经济学大师约翰·梅纳德·凯恩斯曾说："牛顿不是理性时代的第一人，他是最后的一位炼金术士。"但牛顿对炼金术的兴趣却与他对科学的贡献息息相关，而且在那个时代炼金术与科学也还没有明确的区别。如果他没有依靠神秘学思想来解释穿过真空的超距作用，可能也不会发展出他的引力理论。

1704年，牛顿著成《光学》，其中他详述了光的粒子理论。他认为光是由非常微小的微粒组成的，而普通物质是由较粗微粒组成，并推测如果通过某种炼金术的转化"难道物质和光不能互相转变吗？物质不可能由进入其结构中的光粒子得到主要的动力吗？"牛顿还使用玻璃球制造了原始形式的摩擦静电发电机。

2. 牛顿力学

1679年，牛顿重新回到力学的研究中：引力及其对行星轨道的作用、开普勒的行星运动定律、与胡克和弗拉姆斯蒂德（Flamsteed，1646—1719）在力学上的讨论。他将自己的成果归结在《物体在轨道中之运动》（1684）一书中，该书中包含有初步的，后来在《原理》中形成的运动定律。

1687年7月5日，《自然哲学的数学原理》在爱德蒙·哈雷（Halley，1656—1742）的鼓励和支持下出版。该书中牛顿阐述了其后200年间都被视作真理的三大运动定律。牛顿使用拉丁单词"gravitas"（沉重）来为现今的引力（Gravity）命名，并定义了万有引力定律。在这本书中，他还基于波义耳定律提出了首个分析测定空气中音速的方法。

由于《原理》的成就，牛顿得到了国际性的认可，并为他赢得了一大群支持者：牛顿与其中的瑞士数学家尼古拉·法蒂奥·丢勒（Duillier，1664—1753）建立了非常亲密的关系，直到1693年他们的友谊破裂。这场友谊的结束让牛顿患上了神经衰弱。

3. 数学贡献

3.1 创建微积分

17世纪以来，原有的几何和代数已难以解决当时生产和自然科学所提出的许多新问题，例如：如何求出物体的瞬时速度与加速度，如何求曲线的切线及曲线长度（行星路程）、矢径扫过的面积、极大极小值（如近日点、远日点、最大射程等）、体积、重心、引力等等。尽管牛顿以前已有对数、解析几何、无穷级数等成就，但还不能圆满或普遍地解决这些问题。当时笛卡尔（Descartes，1596—1650）的《几何学》和沃利斯（Wallis，1616—1703）的《无穷算术》对牛顿的影响最大。牛顿将古希腊以来求解无穷小问题的种种特殊方法统一为两类算法——正流数术（微分）和反流数术（积分），反映在1669年的《运用无限多项方程》、1671年的《流数术与无穷级数》、1676年的《曲线求积术》三篇论文和《原理》一书中。1666年10月，他写的在朋友们中间传阅的一篇手稿《论流数》。所谓"流量"就是随时间而变化的自变量如 x、y、s、u 等，"流数"就是流量的改变速度即变化率等。他说的"差率""变率"就是微分。与此同时，他还在1676年首次公布了他发现的二项式展开定理。牛顿利用它还发现了其他无穷级数，并用来计算面积、积分、解方程等等。

微积分的出现，成了数学发展中除几何与代数以外的另一重要分支——数学分析（牛顿称之为"借助于无限多项方程的分析"），并进一步发展为微分几何、微分方程、变分法等等，这些又反过来促进了理论物理学的发展。

例如，瑞士雅各布·伯努利（Jakob Bernoulli，1654—1705）曾征求最速降落曲线的解答，这是变分法的最初始问题，半年内全欧数学家无人能解答。1697 年，一天牛顿偶然听说此事，当天晚上一举解出，并匿名刊登在《哲学学报》上。雅各布·伯努利惊异地说："从这锋利的爪中我认出了雄狮。"

微积分的创立是牛顿最卓越的数学成就。牛顿为解决运动问题，才创立这种和物理概念直接联系的数学理论，牛顿称之为"流数术"。它所处理的一些具体问题，如切线问题、求积问题、瞬时速度问题以及函数的极大值和极小值问题等，在牛顿前已经得到人们的研究了。但牛顿超越了前人，站在了更高的角度，对以往分散的结论加以综合，将自古希腊以来求解无限小问题的各种技巧统一为两类普通的算法——微分和积分，并确立了这两类运算的互逆关系，从而完成了微积分发明中最关键的一步，为近代科学发展提供了最有效的工具，开辟了数学上的一个新纪元。

牛顿没有及时发表微积分的研究成果，他研究微积分可能比莱布尼茨早一些，但是莱布尼茨所采取的表达形式更加合理，而且关于微积分的著作出版时间也比牛顿早。

1707 年，牛顿的代数讲义经整理后出版，定名为《普遍算术》。他主要讨论了代数基础及其在解决各类问题中的应用（通过解方程）。书中陈述了代数基本概念与基本运算，用大量实例说明了如何将各类问题化为代数方程，同时对方程的根及其性质进行了深入探讨，引出了方程论方面的丰硕成果，如：他得出了方程的根与其判别式之间的关系，指出可以利用方程系数确定方程根之幂的和数，即"牛顿幂和公式"。

牛顿对解析几何与综合几何都有贡献。他在 1736 年出版的《解析几何》中引入了曲率中心，给出密切线圆（或称曲线圆）概念，提出曲率公式及计算曲线曲率的方法。他将自己的许多研究成果总结成专论《三次曲线枚举》，于 1704 年发表。此外，他的数学工作还涉及数值分析、概率论和初等数论等众多领域。

牛顿在前人工作的基础上，提出"流数法"，建立了二项式定理，并和莱布尼茨几乎同时创立了微积分学，得出了导数、积分的概念和运算法则，阐明了求导数和求积分是互逆的两种运算，为数学的发展开辟了一个新纪元。

3.2 二项式定理

在 1665 年，刚好 22 岁的牛顿发现了二项式定理，这对于微积分的充分发展是必不可少的一步。二项式定理在组合理论、开高次方、高阶等差数列求和、差分法中有广泛的应用。

二项式级数展开式是研究级数论、函数论、数学分析、方程理论的有力工具。在今天我们会发现这个方法只适用于 n 是正整数的情况，当 n 是正整数 1，2，3，…，级数终止在正好是 $n+1$ 项。如果 n 不是正整数，级数就不会终止，这个方法就不适用了。但是我们要知道，莱布尼茨在 1694 年才引进"函数"这个词，在微积分早期阶段，研究超越函数时用它们的级数来处理是所用方法中最富有成效的。

对于牛顿的贡献，英国诗人波普（Pope，1688—1744）用诗这样表达：自然和自然的规律沉浸在一片黑暗之中，上帝说：生出牛顿来，一切都就得明朗。数学家拉格朗日（Lagrange，1736—1813）说，他是历史上最有才能的人，也是最幸运的人，因为宇宙体系只能被发现一次。

44. 莱布尼茨

莱布尼茨（Leibniz，1646—1716），德国哲学家、数学家。莱布尼茨在数学史和哲学史上都占有重要地位。在数学上，他和牛顿先后独立发明了微积分。有人认为，莱布尼茨最大的贡献不是发明微积分，而是发明了微积分中使用的数学符号，因为牛顿使用的符号被普遍认为比莱布尼茨的差。由于他创建了微积分，并精心设计了非常巧妙简洁的微积分符号，从而使他以杰出数学家的称号闻名于世。莱布尼茨还对二进制的发展做出了贡献。"世界上没有两片完全相同的树叶"就是出自他之口，他还是最早研究中国文化和中国哲学的德国人，对丰富人类的科学知识宝库做出了不可磨灭的贡献。

1646年7月1日，莱布尼茨出生于德国东部莱比锡的一个书香之家，父亲弗里德希·莱布尼茨是莱比锡大学的道德哲学教授，母亲凯瑟琳娜·施马克出身于教授家庭，虔信路德新教。

　　莱布尼茨的父母亲自做孩子的启蒙教师，耳濡目染使莱布尼茨从小就十分好学，并有很高的天赋，幼年时就对诗歌和历史有着浓厚的兴趣。不幸的是，父亲在他6岁时就去世了，但给他留下了丰富藏书。知书达理的母亲担负起了儿子的幼年教育。莱布尼茨因此得以广泛接触古希腊罗马文化，阅读了许多著名学者的著作，由此而获得了坚实的文化功底和明确的学术目标。8岁时，莱布尼茨进入尼古拉学校，学习拉丁文、希腊文、修辞学、算术、逻辑、音乐以及《圣经》、路德教义等。

　　1661年，15岁的莱布尼茨进入莱比锡大学学习法律，一进校便跟上了大学二年级标准的人文学科的课程，他还抓紧时间学习哲学和科学。1663年5月，他以《论个体原则方面的形而上学争论》一文获学士学位。这期间莱布尼茨还广泛阅读了培根、开普勒、伽利略等人的著作，并对他们的著述进行了深入的思考和评价。在听了教授讲授的欧几里得的《几何原本》的课程后，莱布尼茨对数学产生了浓厚的兴趣。

　　1664年1月，莱布尼茨完成了论文《论法学之艰难》，获哲学硕士学位。是年2月12日，他母亲不幸去世。18岁的莱布尼茨从此只身一人生活，他一生在思想、性格等方面受母亲影响颇深。

　　1665年，莱布尼茨向莱比锡大学提交了博士论文《论身份》，1666年，审查委员会以他太年轻（年仅20岁）而拒绝授予他法学博士学位，黑格尔认为，这可能是由于莱布尼茨哲学见解太多，审查论文的教授们看到他大力研究哲学，心里很不乐意。他对此很气愤，于是毅然离开莱比锡，前往纽伦堡附近的阿尔特多夫大学，并立即向学校提交了早已准备好的那篇博士论文，1667年2月，阿尔特多夫大学授予他法学博士学位，还聘请他为法学教授。

　　这一年，莱布尼茨发表了他的第一篇数学论文《论组合的艺术》。这是一篇关于数理逻辑的文章，其基本思想是想把理论的真理性论证归结于一种计算的结果。这篇论文虽不够成熟，但却闪耀着创新的智慧和数学的才华，后来的一系列工作使他成为数理逻辑的创始人。

1666 年，莱布尼茨获得法学博士学位后，在纽伦堡加入了一个炼金术士团体，1667 年，通过该团体结识了政界人物博因堡男爵约翰·克里斯蒂文，并经男爵推荐给选帝侯迈因茨，从此莱布尼茨登上了政治舞台，便投身外交界，在美因茨大主教舍恩博恩的手下工作。

1671—1672 年冬季，他受迈因茨选帝侯之托，着手准备制止法国进攻德国的计划。1672 年，莱布尼茨作为一名外交官出使巴黎，试图游说法国国王路易十四放弃进攻，却始终未能与法王见上一面，更谈不上完成选帝侯交给他的任务了。这次外交活动以失败而告终，然而在这期间，他深受惠更斯（Huygens，1629—1695）的启发，决心钻研高等数学，并研究了笛卡尔（Descartes，1596—1650）、费马（Fermat，1601—1665）、帕斯卡（Pascal，1623—1662）等人的著作，开始创造性的工作。

1673 年 1 月，为了促使英国与荷兰之间的和解，他前往伦敦进行斡旋未果。他却趁这个机会与英国学术界知名学者建立了联系。他见到了与之通信达三年的英国皇家学会秘书、数学家奥登伯格（Oldenberg，1615—1677）以及物理学家胡克（Hooke，1635—1703）、化学家波义耳（Boyle，1627—1691）等人。1673 年 3 月，莱布尼茨回到巴黎，4 月即被推荐为英国皇家学会会员。这一时期，他的兴趣越来越明显地表现在数学和自然科学方面。

1672 年 10 月，迈因茨选帝侯去世，莱布尼茨失去了职位和薪金，仅是一位家庭教师了。当时，他曾多方谋求外交官的正式职位，或者希望在法国科学院谋一职位，都没有成功。无奈，只好接受汉诺威公爵约翰·弗里德里希的邀请，前往汉诺威。

1676 年 10 月 4 日，莱布尼茨离开巴黎，他先在伦敦作了短暂停留。继而前往荷兰，见到了使用显微镜第一次观察了细菌、原生动物和精子的生物学家列文虎克（Leeuwenhoek，1632—1723），这些对莱布尼茨以后的哲学思想产生了影响。在海牙，他见到了荷兰哲学家斯宾诺莎（Spinoza，1632—1677）。1677 年 1 月，莱布尼茨抵达汉诺威，担任布伦兹维克公爵府法律顾问兼图书馆馆长和布伦兹维克家族史官，并负责国际通信和充当技术顾问。汉诺威成了他的永久居住地。

在繁忙的公务之余，莱布尼茨广泛地研究哲学和各种科学、技术问题，从事多方面的学术文化和社会政治活动。不久，他就成了宫廷议员，在社会上开始声名显赫，生活也由此而富裕。1682年，莱布尼茨与门克（Otto Mencke，1644—1707）创办了近代科学史上卓有影响的拉丁文科学杂志《学术纪事》（又称《教师学报》），他的数学、哲学文章大都刊登在该杂志上。这时，他的哲学思想也逐渐走向成熟。

1679年12月，布伦兹维克公爵约翰·弗里德里希却突然去世，其弟奥古斯特继任爵位，莱布尼茨仍保留原职。新公爵夫人苏菲是他的哲学学说的崇拜者，"世界上没有两片完全相同的树叶"这一句名言，就出自他与苏菲的谈话。

奥古斯特为了实现他在整个德国出人头地的野心，建议莱布尼茨广泛地进行历史研究与调查，写一部有关他们家庭近代历史的著作。1686年，莱布尼茨开始了这项工作。在研究了当地有价值的档案材料后，他请求在欧洲作一次广泛的游历。

1687年11月，莱布尼茨离开汉诺威，于1688年初夏5月抵达维也纳。他除了查找档案外，大量时间用于结识学者和各界名流。在维也纳，他拜见了奥地利皇帝利奥波德一世，为皇帝构画出一系列经济、科学规划，给皇帝留下了深刻印象。他试图在奥地利宫廷中谋一职位，但直到1713年才得到肯定答复，而他请求奥地利建立一个"世界图书馆"的计划则始终未能实现。随后，他前往威尼斯，然后抵达罗马。在罗马，他被选为罗马科学与数学科学院院士。1690年，莱布尼茨回到了汉诺威。由于撰写布伦兹维克家族历史的功绩，他获得了枢密顾问官职务。

在1700年世纪转变时期，莱布尼茨热心地从事于科学院的筹划、建设事务。他觉得学者们各自独立地从事研究既浪费了时间又收效不大，因此竭力提倡集中人才研究学术、文化和工程技术，从而更好地安排社会生产，指导国家建设。

从1695年起，莱布尼茨就一直为在柏林建立科学院四处奔波，到处游说。1698年，他为此亲自前往柏林。1700年，当他第二次访问柏林时，终于得到了弗里德里希一世，特别是其妻子（汉诺威奥古斯特公爵之女）的赞助，建立了柏林科学院，他出任首任院长。1700年2月，他还被选为法国科学院院士。至此，当时全世界的四大科学院——英国皇家学会、法国科学院、罗马科学与数学科学院、柏林科学院都以莱布尼茨作为核心成员。

1713 年初，维也纳皇帝授予莱布尼茨帝国顾问的职位，邀请他指导建立科学院。俄国的彼得大帝也在 1711—1716 年去欧洲旅行访问时，几次听取了莱布尼茨的建议。莱布尼茨试图使这位雄才大略的皇帝相信，在彼得堡建立一个科学院是很有价值的。彼得大帝对此很感兴趣。1712 年，他给了莱布尼茨一个有薪水的数学、科学宫廷顾问的职务。1712 年左右，他同时被维也纳、布伦兹维克、柏林、彼得堡等王室所雇用。这一时期他一有机会就积极地宣扬编写百科全书，建立科学院以及利用技术改造社会的计划。在他去世以后，维也纳科学院、彼得堡科学院先后都建立起来了。据传，他还曾经通过传教士，建议中国清朝的康熙皇帝在北京建立科学院。

就在莱布尼茨倍受各个宫廷青睐之时，他却已开始走向悲惨的晚年了。1716 年 11 月 14 日，由于胆结石引起的腹绞痛卧床一周后，莱布尼茨孤寂地离开了人世，终年 70 岁。

莱布尼茨一生没有结婚，没有在大学当教授。他平时从不进教堂，因此他有一个绰号 Lovenix，即什么也不信的人。他去世时教士以此为借口，不予理睬，曾雇用过他的宫廷也不过问，无人前来吊唁。弥留之际，陪伴他的只有他所信任的大夫和他的秘书艾克哈特。艾克哈特发出讣告后，法国科学院秘书封登纳尔在科学院例会时向莱布尼茨这位外国会员致了悼词。1793 年，汉诺威人为他建立了纪念碑；1883 年，在莱比锡的一座教堂附近竖起了他的一座立式雕像；1983 年，汉诺威市政府照原样重修了被毁于第二次世界大战中的"莱布尼茨故居"，供人们瞻仰。

其主要成就有以下几个：

1. 微积分

17 世纪下半叶，欧洲科学技术迅猛发展，由于生产力的提高和社会各方面的迫切需要，经各国科学家的努力与历史的积累，建立在函数与极限概念基础上的微积分理论应运而生了。

微积分思想，最早可以追溯到古希腊阿基米德（Archimedes，前 287—前 212）等人提出的计算面积和体积的方法。1665 年，牛顿（Newton，1643—

1727）创立了微积分，莱布尼茨在 1673—1676 年间也发表了微积分思想的论著。

以前，微分和积分是作为两种数学运算、两类数学问题，分别加以研究的。卡瓦列里（Cavalieri，1598—1647）、巴罗（Barrow，1630—1677）、沃利斯（Wallis，1616—1703）等人得到了一系列求面积（积分）、求切线斜率（导数）的重要结果，但这些结果都是孤立的、不连贯的。只有莱布尼茨和牛顿将积分和微分真正连通起来，明确地找到了两者内在的直接联系：微分和积分是互逆的两种运算。而这是微积分建立的关键所在。只有确立了这一基本关系，才能在此基础上构建系统的微积分学。并从各种函数的微分和求积公式中，总结出共同的算法程序，使微积分方法普遍化，发展成用符号表示的微积分运算法则。

然而关于微积分创立的优先权，在数学史上曾掀起了一场激烈的争论。实际上，牛顿在微积分方面的研究虽早于莱布尼茨，但莱布尼茨成果的发表则早于牛顿。

莱布尼茨 1684 年 10 月在《教师学报》上发表的论文《一种求极大极小的奇妙类型的计算》，是最早的微积分文献。这篇仅有六页的论文，内容并不丰富，说理也颇含糊，但却有着划时代的意义。

牛顿在三年后，即 1687 年出版的《自然哲学的数学原理》的第一版和第二版也写道："十年前在我和最杰出的几何学家莱布尼茨的通信中，我表明我已经知道确定极大值和极小值的方法、作切线的方法以及类似的方法，但我在交换的信件中隐瞒了这方法，……这位最卓越的科学家在回信中写道，他也发现了一种同样的方法，并诉述了他的方法，与我的方法几乎没有什么不同，除了他的措词和符号以外。"（但在第三版及以后再版时，这段话被删掉了）因此，后来人们公认牛顿和莱布尼茨是各自独立地创建微积分的。

牛顿从物理学出发，运用集合方法研究微积分，其应用上更多地结合了运动学，造诣高于莱布尼茨。莱布尼茨则从几何问题出发，运用分析学方法引进微积分概念，得出运算法则，其数学的严密性与系统性是牛顿所不及的。

莱布尼茨认识到好的数学符号能节省思维劳动，运用符号的技巧是数学成功的关键之一。因此，他所创设的微积分符号远远优于牛顿的符号，这对微积分的发展有极大影响。1713年,莱布尼茨发表了《微积分的历史和起源》一文,总结了自己创立微积分学的思路,说明了自己成就的独立性。

2. 二进制

关于莱布尼茨的二进制与中国的八卦图的关系,有许多的考证,但是对于莱布尼茨是受到八卦图的影响而发明二进制还是单独发明二进制,迄今似乎也没有定论。胡阳、李长铎的著作《莱布尼茨——二进制与伏羲八卦图考》给出了比较可信的材料,表明莱布尼茨的二进制至少在某种程度上受到了八卦图的启发。

根据莱布尼茨自己的说法,他在1679年以前就发明了二进制算术,但是1703年4月1日才收到耶酥会士白晋所寄的伏羲八卦图,到这时他才开始正式研究八卦符号,并发现自己的二进制体系与伏羲八卦图的一致性。几天后,他就写了论文《二进位算术的阐述——关于只用0和1兼论其用处及伏羲氏所用数字的意义》,发表在法国《皇家科学院院刊》上。很多的研究者就是根据莱布尼茨自己的说法,认为莱布尼茨不是根据伏羲八卦图的启发而发明二进制的。

但是胡阳、李长铎的著作《莱布尼茨——二进制与伏羲八卦图考》中,证明了虽然莱布尼茨到1703年才见到白晋带给他的伏羲八卦图,但是并不表示这是他首次看到伏羲八卦图,而是早在1687年,莱布尼茨就已见到伏羲八卦图了。

1687年,耶酥会士柏应理出版了《中国哲学家孔子》一书,其中共计13页对伏羲八卦图做了介绍,书中配有伏羲八卦次序图、伏羲八卦方位图及文王六十四卦图。而值得一提的是,在伏羲八卦次序图、伏羲八卦方位图及文王六十四卦图中,在相应的卦象上,标有阿拉伯数字1到64。

而在莱布尼茨的二进制中,通过0与1引申,就可以表示一切数字,如000,001,010,011,100分别代表0—4这几个数字。而在易经八卦中,通过阴阳引申,就可以表示宇宙万有的原理。如果把阴爻看作0,把阳爻看作1,所有的卦象于是也就可以看成0和1的组合。比如坤卦就是000000,乾卦就是111111,大有卦就是111101等等。伏羲图的六十四个卦象,也正好可以看作二进制算术从0到63的数字。

而莱布尼茨于《中国哲学家孔子》出版的当年,就阅读了这本书。在致友人冯·黑森·莱茵费尔的信中，向他介绍说自己阅读了这本书。而在这封信中，还出现了"Fohi"的字样，这个词译为中文就是"伏羲"。通过这一些事实，不难证明，莱布尼茨当年就见过伏羲八卦次序图、伏羲八卦方位图及文王六十四卦图。

但是莱布尼茨在1698年5月17日的一封信中声称，对于二进制的思考已经二十多年了。1703年5月18日回白晋的信中也表示，他二十多年前就发明了二进制。在其博物馆里也有1679年发表的《二进位数学》。根据这一情况，柏应理《中国哲学家孔子》一书中关于易图的内容，应该对他发明二进制没有影响。但胡阳、李长铎的著作《莱布尼茨——二进制与伏羲八卦图考》也有材料证明，早在1679年之前，也就是他发明二进制最早时间之前，欧洲就有关于八卦图的书籍出版，而莱布尼茨1679年之前也见过易图，并且书中记载1660年学者斯比塞尔（Spizel，1639—1691）在荷兰出版了《中国文史评析》一书，书中记载了I Ging（易经）。斯比塞尔跟莱布尼茨交往相当密切，而这本书是莱布尼茨为了解中国参考过的一本书。书中两个部分介绍了易经，介绍了龙马负图出河、伏羲得图做八卦以及太极阴阳八卦学说。

另外，从《中国文史评析》一书中，可以看到1660年以前，斯比塞尔参考的中国文化文献包括耶稣会士卫匡国1658年出版的《中国上古史》以及曾德昭1642年出版的《中华帝国》。《中华帝国》中只是简单介绍阴阳八卦学说，而在《中国上古史》中就很详细。书中详细介绍了阴阳生两仪、两仪生四象、四象生八卦的太极八卦演化过程。有学者认为《中国上古史》可能第一个向欧洲介绍了六十四卦图，并影响了莱布尼茨。

3. 与中国

莱布尼茨对中国的科学、文化和哲学思想十分关注，他是最早研究中国文化和中国哲学的德国人。他向耶稣会来华意大利传教士格里马尔迪（闵明我，1639—1712）了解到了许多有关中国的情况，包括养蚕纺织、造纸印染、冶金矿产、天文地理、数学文字等等，并将这些资料编辑成册出版。他认为中西相互之间应建立一种交流认识的新型关系。

在《中国近况》一书的绪论中，莱布尼茨写道："全人类最伟大的文化和最发达的文明仿佛今天汇集在我们大陆的两端，即汇集在欧洲和位于地球另一端的东方的欧洲——中国""中国这一文明古国与欧洲相比,面积相当,但人口数量则已超过""在日常生活以及经验地应付自然的技能方面,我们是不分伯仲的。我们双方各自都具备通过相互交流使对方受益的技能。在思考的缜密和理性的思辨方面,显然我们要略胜一筹",但"在时间哲学,即在生活与人类实际方面的伦理以及治国学说方面,我们实在是相形见绌了"。

在这里,莱布尼茨不仅显示出了不带"欧洲中心论"色彩的虚心好学精神,而且为中西文化双向交流描绘了宏伟的蓝图,极力推动了这种交流向纵深发展,使东西方人民相互学习,取长补短,共同繁荣进步。莱布尼茨为促进中西文化交流做出了毕生的努力,产生了广泛而深远的影响。他的虚心好学、对中国文化平等相待,不含"欧洲中心论"偏见的精神尤为难能可贵,值得后世永远敬仰、效仿。

4. 其他数学成就

莱布尼茨在数学方面的成就是巨大的,他的研究及成果渗透到高等数学的许多领域。他一系列重要数学理论的提出,为后来的数学理论奠定了基础。

莱布尼茨曾讨论过负数和复数的性质,得出复数的对数并不存在,共轭复数的和是实数的结论。在后来的研究中,莱布尼茨证明了自己结论是正确的。他还对线性方程组进行研究,对消元法从理论上进行了探讨,并首先引入了行列式的概念,提出行列式的某些理论,此外,莱布尼茨还创立了符号逻辑学的基本概念。

莱布尼兹是数学史上最伟大的符号学者之一,堪称符号大师。他曾说:"要发明,就要挑选恰当的符号,要做到这一点,就要用含义简明的少量符号来表达和比较忠实地描绘事物的内在本质,从而最大限度地减少人的思维劳动",正像阿拉伯数字促进了算术和代数发展,莱布尼兹所创造的这些数学符号对微积分的发展起了很大的促进作用。欧洲大陆的数学得以迅速发展,莱布尼兹的巧妙符号功不可没。除积分、微分符号外,他创设的符号还有商"$\frac{a}{b}$",比"$a:b$",相似"$\backsim$",全等"$\cong$",并"$\cup$"、交"$\cap$"以及函数和行列式等符号。

> **数学名题与猜想**
>
> ### 卡塔兰猜想
>
> 卡塔兰猜想是比利时数学家卡塔兰（Catalan，1814—1894）在 1844 年提出的一个数论的猜想。它是说除了 $8=2^3$，$9=3^2$，没有两个连续整数都是正整数的幂。以数学方式表述为：不定方程 $x^a-y^b=1$ 的大于 1 的正整数 x，y，a，b 只有唯一解 $x=3$，$y=2$，$a=2$，$b=3$。卡塔兰猜想，又称为"8—9"猜想。

45. 割圆术——刘徽《九章算术注》

割圆术，就是用圆内接正多边形的周长去无限逼近圆周并以此求取圆周率的方法。这个方法，是刘徽（约 225—295）在批判总结了数学史上各种旧的计算方法之后，经过深思熟虑才创造出来的一种崭新的方法。

中国古代从先秦时期开始，一直是取"周三径一"（圆周率 π=3）的数值来进行有关圆的计算。但用这个数值进行计算的结果，往往误差很大。正如刘徽所说，用"周三径一"计算出来的圆周长，实际上不是圆的周长而是圆内接正六边形的周长，其数值要比实际的圆周长小得多。东汉的张衡（78—139）不满足于这个结果，他从研究圆与它的外切正方形的关系着手得到圆周率。这个数值比"周三径一"要好些，但刘徽认为其计算出来的圆周长必然要大于实际的圆周长，也不精确。刘徽以极限思想为指导，提出用"割圆术"来求圆周率，既大胆创新，又严密论证，从而为圆周率的计算指出了一条科学的道路。

在刘徽看来，既然用"周三径一"计算出来的圆周长实际上是圆内接正六边形的周长，与圆周长相差很多，那么我们可以在圆内接正六边形把圆周等分为六条弧的基础上，再继续等分，把每段弧再分割为二，做出一个圆内接正十二边形，这个正十二边形的周长就比正六边形的周长更接近于圆周。如果把圆周再继续分割，做成一个圆内接正二十四边形，那么这个正二十四边形的周长必然又比正十二边形的周长更接近于圆周。这就表明，越是把圆周分割得细，误差就越小，其内接正多边形的周长就越是接近于圆周。如此不断地分割下去，一直到圆周无法再分割为止，也就是到了圆内接正多边形的边数无限多的时候，它的周长就与圆周"合体"而完全一致了。

按照这样的思路，刘徽把圆内接正多边形的面积一直算到了正三千零七十二边形，并由此而求得了圆周率为 3.14 和 3.1416 这两个近似数值。这个结果是当时世界上圆周率计算得最精确的数据。刘徽对自己创造的这个"割圆术"新方法非常自信，把它推广到有关圆形计算的各个方面，从而使汉代以来的数学发展大大向前推进了一步。以后到了南北朝时期，祖冲之（429—500）在刘徽的这一基础上继续努力，终于使圆周率精确到了小数点以后的第七位，这个纪录保持了世界领先地位长达近千年之久，直到 1424 年，中亚细亚数学家阿尔·卡西（Al-Kashi，1380—1429）才打破了这项纪录。刘徽所创立的"割圆术"对中国古代数学发展的重大贡献，历史是永远不会忘记的。

利用圆内接或外切正多边形，求圆周率近似值的方法，其原理是当正多边形的边数增加时，它的边长和逐渐逼近圆周。早在公元前 5 世纪，古希腊学者安提丰（Antiphon，约前 426—前 373）为了研究化圆为方问题就设计了一种方法：先作一个圆内接正四边形，以此为基础作一个圆内接正八边形，再逐次加倍其边数，得到正十六边形、正三十二边形等等，直至正多边形的边长小到恰与它们各自所在的圆周部分重合，他认为就可以完成化圆为方问题。到公元前 3 世纪，古希腊科学家阿基米德（Archimedes，前 287—前 212）在《论球和圆柱》一书中利用穷竭法建立起这样的命题：只要边数足够多，圆外切正多边形的面积与内接正多边形的面积之差可以任意小。阿基米德在《圆的度量》一书中，利用"穷竭法"计算正九十六边形时得到圆周率 π 的近似值为 $\dfrac{22}{7}$。公元 263 年，中国数学家刘徽在《九章算术注》中提出"割圆术"之说，他从圆内接正六边形开始，每次把边数加倍，直至圆内接正一百九十二边形，算得圆周率近似值为 3.14 或 $\frac{157}{50}$，后人称之为徽率。书中还记载了圆周率更精确的值 $\frac{3927}{1250}$（等于 3.1416）。刘徽断言"割之弥细，所失弥少，割之又割，以至于不可割，则与圆合体，而无所失矣"。其思想与古希腊穷竭法不谋而合。割圆术在圆周率计算史上曾长期使用。1610 年德国数学家柯伦用 2^{62} 边形将圆周率计算到小数点后 35 位。1630 年格林贝尔格利用改进的方法计算到小数点后 39 位，成为割圆术计算圆周率的最好结果。分析方法发明后逐渐取代了割圆术，但割圆术作为计算圆周率最早的科学方法一直为人们所称道。

第五章 选择性必修三

46. 二项式定理的前世今生[1]

二项式定理最初应用于开高次方，而非多项式的乘法。在中国成书于公元 1 世纪的《九章算术》提出了世界上最早的多位正整数的开方、开立方的一般程序。由于三次以上开方的需要，在《详解九章算法》中载有一张珍贵的图形——"开方作法本源图"（图 5-1），根据杨辉自注，此图"出《释锁算书》，贾宪用此术"。就是说，这张图是贾宪（北宋人，11 世纪）创造的，原载于《释锁算书》（已失传）中，贾宪制作这张表进行开方运算，因其形似三角形，故我们称之为"贾宪三角"。这个图下面还有五句话："左袤乃积数，右袤乃隅算，中藏者皆廉。以廉乘商方，命实而除之。"（《永乐大典》所引《详解九章算法》）前三句说明了贾宪三角的结构和它们在开方术中的作用。

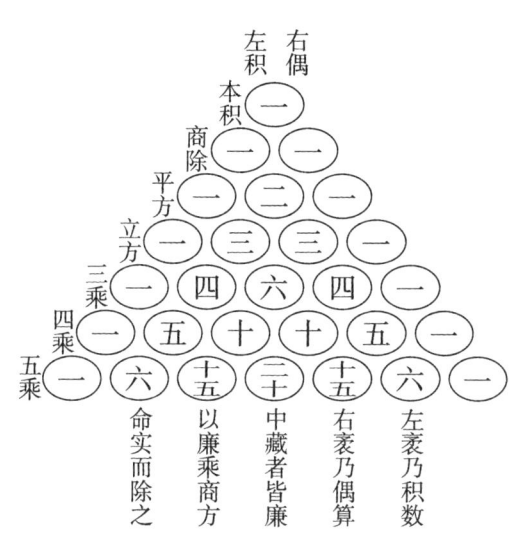

图 5-1 开方作法本源图

它的每一行中的数字依次表示二项式$(a+b)^n$($n\in\mathbf{N}$)展开式的各行系数。最外左、右斜线上的数字，分别是各次开方中积（a^n）和隅算（b^n）的系数，中间的数字"二""三、三""四、六、四"等等，分别是各次开方中的廉（积、隅、廉皆来自古代开方术的几何解释。以开平方为例，初商的平方，在图形中是一个大正方形，称为"积"，次商b的平方在图形中是占据一角的小正方形，称为"隅"，而$2ab$位于图形的两侧边，故称为"廉"）。后两句话简要说明了用各行系数进行开方的方法：以商的相应次方乘廉，去减实。如对数N开平方，用贾宪三角的第三层，确定初商a，得余实$N-a^2$后，以初商乘廉，得$2a$；再定次商b，加次商于$2a$，乘以b，从余实$N-a^2$中减去，它的算式就是$N-a^2=(2a+b)b$。同样，开其他次方，亦可如法处理。

例如，方程$x^3=12812904$的解，它的一个根是以2开头的三位数，也就是说，最有可能的整数解为$x=200+10b+c$，暂不考虑c，我们要找出最大的b，使$(200+10b)^3=200^3+3\times200^2\times10b+3\times200\times(10b)^2+(10b)^3\leqslant12812904$，依次用$b=1$，2，3，…去试，可知$b=3$为满足不等式的最大整数值。于是又得到一个关于$c$的不等式$c\times(3\times230^2+3\times230c+c^2)\leqslant69504$，再依次用$c=1$，2，3，…去试，可知$c=4$满足不等式的最大整数值，于是方

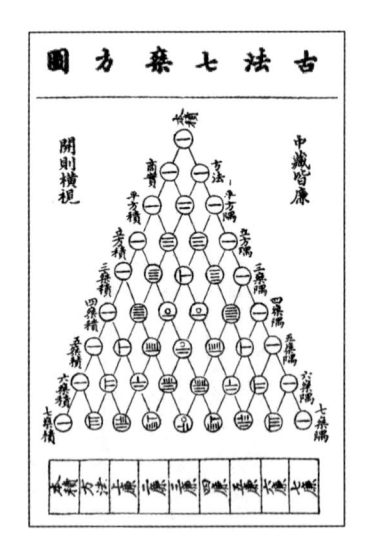

图 5-2 古法七乘方图

程的解为 $x=234$。

贾宪三角的提出，表明贾宪实际上已把立成释锁方法推广到高次方，这是一个重大突破。而这个表可继续往下造，在 14 世纪初，元代数学家朱世杰（1249—1314）在该表中增加了两层，并添了两组平行斜线，称其为"古法七乘方图"（图 5-2），载于《四元玉鉴》（1303）一书中，由此可推知，朱世杰已总结出贾宪三角中相邻两层的关系：自第二层始，各层上每一个数都是其上的两个数之和。

在阿拉伯，10 世纪数学家阿尔·卡拉吉（Al Karaji，953—1029）已经知道了二项式系数的构造方法。11、12 世纪，奥马·海牙姆（Omar Khayyam，1048—1122）将印度人的开平方、立方运算推广到任意高次，因而研究了高次幂二项展开式。13 世纪，阿尔·徒思（Al Tusi，1201—1274）在其《算板与沙盘算法集成》（1265）一书中给出高次幂开方近似公式：$\sqrt[n]{a^n+r}=a+\dfrac{r}{(a+1)^n-a^n}$，并用到二项式系数表。15 世纪，阿尔·卡西（Al Kashi，1380—1429）在其《算术之钥》（1427）中介绍任意高次幂方法，给出二项系数的两种造表法，一种是利用公式 $C_n^r=C_{n-1}^{r-1}+C_{n-1}^r$，另一种则与贾宪的方法完全相同。他给出直到 9 次幂的数表。

在欧洲，13 世纪德国数学家约丹努斯（Jordanus de Nemore，1225—1260）在一本未出版的算术书中给出一张二项系数表，形状与贾宪三角一样，但有 11 层。16 世纪，许多欧洲数学家都在书中载有二项系数表。1654 年，法国数学家帕斯卡（Pascal，1623—1662）最早建立了正整数次幂的二项式定理——算术三角形，至今在西方仍以他的名字命名。1665 年，英国数学家牛顿（Newton，1643—1727）将二项式定理推广到有理数指数的情形。在 1742 年，英国数学家马克劳林（Maclaurin，1698—1746）用求导的方法得出展开式中各项系数，从而证明了一般有理数情形。18 世纪，瑞士数学家欧拉（Euler，1707—1783）和意大利数学家卡斯蒂隆（DeCastillon，1708—1791）分别采用"待定系数法"和"先异后同法"证明了实指数情形的二项式定理。

参考文献：

[1] 宋军，吴现荣. 源于数学史，教学更自然 [J]. 福建中学数学，2017（11）：14—17.

47. 杨辉三角

杨辉，字谦光，汉族，钱塘（今浙江杭州）人，南宋杰出的数学家，数学教育家，著作甚多。杨辉编著的数学书共五种二十一卷，数学著作有《详解九章算法》十二卷（1261），流传至今的只是其中的一部分。书中画了一张表示二项式展开后的系数构成的三角图形，称做"开方作法本源"，现在简称为"杨辉三角"，它是杨辉的一大重要研究成果。二项式展开的系数，按图 5-3 排列成一个三角形。这里每一行的外侧的两数都是 1，中间的数字等于两肩的数的和。当时不仅用这一三角来求二项展开式的系数，还用于对一个数开 n 次方。此外，他还著有《日用算法》二卷、《乘除通变本末》三卷、《田亩比类乘除捷法》二卷、《续古摘奇算法》二卷等。朝鲜、日本等国均有译本出版，流传世界。

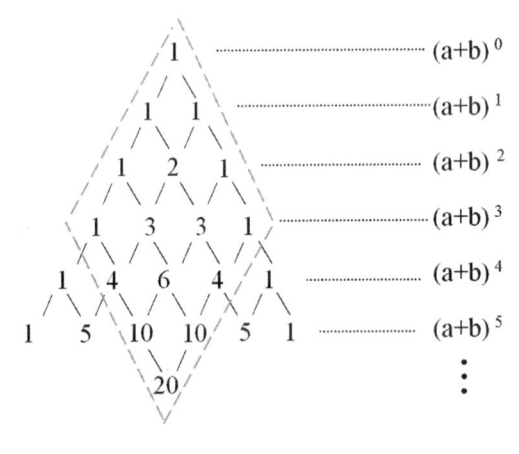

```
              1          ……………………  (a+b)^0
            1   1        ……………………  (a+b)^1
          1   2   1      ……………………  (a+b)^2
        1   3   3   1    ……………………  (a+b)^3
      1   4   6   4   1  ……………………  (a+b)^4
    1   5  10  10   5   1 ……………………  (a+b)^5
            20                          ⋮
```

图 5-3　杨辉三角

"杨辉三角"出现在杨辉编著的《详解九章算法》一书中，该书还说明此表源于我国北宋数学家贾宪（约 11 世纪）的"开方作法本源图"，这表明我国发现这个表不晚于 11 世纪。因此，在我国通常称为杨辉三角或贾宪三角。

在欧洲，这个表被认为是法国数学家、物理学家帕斯卡（Pascal，1623—1662）于 1654 年首先发现的，他们把这个表叫做帕斯卡三角。事实上，杨辉三角的发现要比帕斯卡早 393 年，贾宪的发现要比帕斯卡早 600 年，由此可见我国古代数学的成就是非常值得中华民族自豪的。

杨辉与秦九韶、李冶、朱世杰并称为"宋元数学四大家"。

48. 早期概率论

1. 惠更斯的论赌博的计算

所谓概率，即指一个事件发生、一种情况出现的可能性大小的数量指标，介于 0 和 1 之间。这个概念最初形成于 16 世纪，说来可能令你意想不到，凡事无绝对，早期很多概率论中的探讨与掷骰子等在当今看来是违法犯罪的赌博活动有着不可分割的联系，可以说，这些赌博活动反而推动了概率论的早期发展。

历史是纷繁多杂的，咱们从荷兰物理学家、天文学家、数学家惠更斯（Huygens，1629—1695）的《机遇的规律》一书入手，此人指导过微积分的奠基者之一的莱布尼茨（Leibniz，1646—1716）学习数学，与牛顿（Newton，1643—1727）等人也有交往，终生未婚。如诸多历史上有名的人物一般，他们之所以被后世的人们记住，是因为他们在某一个领域的杰出贡献，这个贡献可能是提出了某一个定理或者公式，换句话来说，就是现今人们口中所说的代表作。而惠更斯为当代人们所熟知的应该是他在《摆式时钟或用于时钟上的摆的运动的几何证明》《摆钟》等论文中提出了物理学史上钟摆摆动周期的公式：$T = 2\pi \sqrt{\dfrac{l}{g}}$。

2. 惠更斯的三个关于期望的定理

与此同时，惠更斯 1657 年发表了《论赌博中的计算》，被认为是概率论诞生的标志。同时对二次曲线、复杂曲线、悬链线、曳物线、对数螺线等平面曲线都有所研究。

《论赌博中的计算》中，惠更斯先从关于公平赌博的一条公理出发，推导出有关数学期望的三个基本定理，如下述内容所示：

公理：每个公平博弈的参与者愿意拿出经过计算的公平赌注冒险而不愿拿出更多的数量。即赌徒愿意押的赌注不大于其获得赌金的数学期望数。

对这一公理至今仍有争议。所谓公平赌注的数额并不清楚，它受许多因素的影响。但惠更斯由此所得关于数学期望的三个命题具有重要意义。这是数学期望第一次被提出。由于当时概率的概念还不明确，后被拉普拉斯 (Laplace，1749—1827) 用数学期望来定义古典概率。在概率论的现代表述中，概率是基本概念，数学期望则是二级概念，但在历史发展过程中却顺序相反。

关于数学期望的三个命题为：

命题 1：若在赌博中获得赌金 a 和 b 的概率相等，则其数学期望值为 $\frac{a+b}{2}$；

命题 2：若在赌博中获得赌金 a、b 和 c 的概率相等，则其数学期望值为 $\frac{a+b+c}{3}$；

命题 3：若在赌博中分别以概率 p 和 $q(p \geqslant 0, q \geqslant 0, p+q=1)$ 获得赌金 a 和 b，则获得赌金的数学期望值为 $pa+qb$。

这些今天看来都可作为数学期望定义，不准确地说，数学期望来源于取平均值。同时，根据上述惠更斯的 3 个命题不难证明：若某人在赌博中分别以概率 $p_1, \cdots, p_x (p_1+\cdots+p_x=1)$ 分别赢得 $a_1, \cdots, a_x$ 元，那么其期望为 $p_1 a_1+\cdots+p_x a_x$，这与离散型随机变量的期望的定义完全一致。

但惠更斯关于概率论的讨论局限于赌博中，而把概率论由局限于对赌博机遇的讨论扩展出去则得益于雅各布·伯努利 (Jakob Bernoulli，1654—1705)，他在惠更斯的《论赌博中的计算》一书出版后的 56 年，即 1713 年出版了划时代的著作:《猜度术》。雅各布·伯努利在此书中,不仅对惠更斯的关于掷骰子等赌博活动中出现的金额各种情况的概率进行了计算,而且还提出了著名的"大数定律",这个定律在历史上甚至到今天,影响深远,后续诸多的统计方法和理论都是建立在大数定律的基础上。

3. 雅各布·伯努利的大数定律及其如何而来

设在 n 次独立重复试验中,事件 X 发生的次数为 n_x。事件 X 在每次试验中发生的概率为 p。则对任意正数下式成立:$\lim\limits_{n\to\infty} p\left\{\left|\dfrac{n_x}{n}-p\right|<\varepsilon\right\}=1$。

定理表明事件发生的频率依概率收敛于事件的概率。定理以严格的数学形式表达了频率的稳定性。就是说当 n 很大时,事件发生的频率与概率有较大偏差的可能性很小。

这个定理如何而来的呢?来看一个简单的袋中抽球的模型,袋中有 a 个白球,b 个黑球,则从袋中取出白球的概率为 $p=\dfrac{a}{a+b}$,有放回地从袋中抽球 N 次(每次抽取时保证袋中 $a+b$ 个球的每一个都有同等机会被抽出),记得抽到的白球的次数为 X,然后以 $\dfrac{x}{N}$ 这个值去估计 p,这个估计方法至今仍是数理统计学中最基本的方法之一。雅各布·伯努利试图证明的是:用 $\dfrac{x}{N}$ 估计 p 可以达到事实上的确定性,即任意给定两个数 $\varepsilon>0$ 和 $\eta>0$,取足够大的抽取次数 N,使得事件 $\left\{\left|\dfrac{x}{N}-p\right|>\varepsilon\right\}$ 的概率不超过 η,这意思是 $\left\{\left|\dfrac{x}{N}-p\right|>\varepsilon\right\}$ 表面估计误差未达到制订的接近程度 η。换句话说,我们需要证明的是当 N 充分无限大时,$\dfrac{x}{N}$ 无限逼近于 p,用公式表达:$\lim\limits_{N\to\infty}\dfrac{x}{N}=p$,$N$ 趋于无穷大。

尽管我们现在看来,这个结论毫无疑问是理所当然的,但直到 1909 年才由法国数学家波莱尔(Borel,1871—1956)证明。

49. 赌金分配问题

几百年前在欧洲的许多国家，贵族间赌博之风盛行，当时有一个"赌金分配问题"曾引起热烈的讨论，并经历了长达 100 多年才得到正确的解决，在这过程中孕育了概率论重要的基本概念——数学期望。

"赌金分配问题"可以简化为：甲、乙二人赌博，各出赌注 30 元，共 60 元，每局甲、乙获胜的机会均等。约定谁先胜满 3 局就可以赢得全部赌注 60 元，现已赌完 3 局，甲 2 胜 1 负，后来因故中断赌局，问，这 60 元赌注该如何分给二人才算公平？

初看觉得应按 2∶1 分配，即甲得 40 元，乙得 20 元，还有人认为没有分出胜负，甲、乙应该平分。当时的一些学者对这类赌情问题进行研究，有的还出版了著作，然而都没有得出正确的结论。直到 100 多年后，一个名为德·梅勒（De Mere，1607—1684）的法国人把这个问题寄给了当时的数学天才帕斯卡（Pascal，1623—1662），这个问题也把帕斯卡难住了，他苦苦思考了两三年，直到 1654 年才算有了点眉目，于是他写信给他的好友费马（Fermat，1601—1665）。随后在这两位杰出的数学家之间开始了具有划时代意义的通信，在通信中，两人用不同的方法正确地解决了这个问题。他们认为赌注的分配应考虑如果继续赌下去，甲、乙最终获胜的机会如何。不难看出至多再赌 2 局即可分出胜负，这 2 局获胜的情况有 4 种——甲甲、甲乙、乙甲、乙乙，前 3 种情况都是甲最后取胜，只有最后一种情况才是乙取胜，二者之比为 3∶1，故赌注的公平分配应按 3∶1 的比例，即甲得 45 元，乙得 15 元。通过这次讨论，开始形成了概率论当中一个重要的概念——数学期望，概率论从此发展起来，今天已经成为应用非常广泛的一门学科。

帕斯卡和费马以"赌金分配问题"开始的通信形式的讨论，开创了概率论研究的先河，后来荷兰物理学家、天文学家、数学家惠更斯（Huygens，1629—1695）也参加了这场讨论，并写出了关于概率论的第一篇正式论文《赌博中的推理》。帕斯卡、费马、惠更斯一起被誉为概率论的创始人。时至今日，概率论已不再仅是与赌博问题相联系的学科了，它已经在各行各业中得到了广泛的应用，发展成为一门极其重要的数学学科。

50. 科学家高尔顿[1]

弗朗西斯·高尔顿（Galton，1822—1911），英国科学家、生物统计学家和探险家。他先后在伯明翰医院学习外科、在伦敦皇家学院研究医理、在剑桥大学三一学院攻读数学。早年曾在埃及、西南非等地旅行探险，写有这方面的地理学著作。后来研究气象学、统计学、指纹学、遗传学、心理学、人类学等等，都有开创性的贡献。高尔顿还是生物统计学的奠基人之一，他在1880年设计出一个按指纹形式分类并列成公式的科学方法，把指纹分成3大类，并于1892年发表《指纹》一书，指出指纹终生不变，可以识别、可以分类，在人类中不会找到一对特征完全相同的指纹。为指纹学的建立和发展作出了重要贡献，至今仍为人们所沿用。在遗传学中，他还是人类遗传学和医学遗传学的奠基人之一，他和奥地利帝国生物学家孟德尔（Mendel，1822—1884）同为近代遗传学的开创者，孟德尔1865年发表了植物杂交的实验研究论文，高尔顿则在1865年发表了对人类遗传学的调查统计研究论文，高尔顿还是第一个认识到研究双生子对人类遗传学的重要意义。在心理学中，高尔顿以对人类才能的大量研究而著称，是英国新心理学或大部分从事于人类个别差异研究的实验心理学的先锋。高尔顿创建的心理测验的仪器和方法，甚为简便，其中有些沿用于实验心理学界多年，成为标准仪器。高尔顿一生著述很丰富，他在《自传》中列的一个不完全书目，就有183种著作。

最使高尔顿不朽于人类历史的突出贡献乃是他奠立了一门新的学科——优生学，优生运动是由高尔顿在1883年创立的。当时，优生学是在进化论影响下诞生的。1859年，英国生物学家达尔文（Darwin，1809—1882）发表了《物种起源》，提出了以"自然选择"为基础的生物进化学说，用过度繁殖、生存竞争、遗传和变异、适者生存来解释生物界发展的规律。这一著作大大地吸引了达尔文的表弟高尔顿（他的外祖父正是达尔文的祖父）。那时高尔顿已经是一位成熟的科学家，他在进化论的激励下，把注意力转向于改善人类后代素质的研究。他把达尔文的进化论直接应用于人类，将人类学、心理学、遗传学、统计学等多方面的研究结合在一起，对人类智能和遗传的关系进行了大量工作，调查了300多个人的家谱，其中包括法官、政治家、文学家、科学家、诗人、艺术家、神学家等，写了《遗传的才能和性格》《遗传的天才》《英国科学家的先天和后天》《对人类才能及其发展的调查研究》《在现存法律与舆论的条件下人种改良的可能》《优生学的定义范围和目的》《优生学论文集》等一系列论述优生思想和优生学的论文和专著。

1904年，高尔顿终于在伦敦大学开设优生学研究讲座，学院内又设高尔顿国家优生学实验室，和英国数学家、生物统计学家皮尔逊（Pearson，1857—1936）设立较早的生物测量实验室相互为用。1908年参与创建英国优生学教育会，达尔文的儿子雷昂纳多·达尔文主持其事，高尔顿任名誉会长，同年，该会的机关刊物《优生学评论》出版。

高尔顿曾设计高尔顿钉板来研究随机现象的模型（如图5-4）。

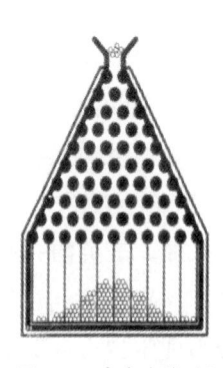

图 5-4 高尔顿钉板

高尔顿一生致力于科学研究，兴趣广泛，成就卓越，尤其在优生学方面做出了特别突出的贡献，是一位非常了不起的科学家。

参考文献：

[1] 甄宗秋. 伟大的科学家、优生学的奠基人——高尔顿[J]. 生物学通报，1997 (06)：43.

51. 最小二乘法与最小一乘法[1]

1. 一个亟待解决的参数估计问题

18世纪，测地学面临确定船只在大海中的位置、测量地球经线长度等问题；而在天文学中，土星与木星通过引力对各自轨道的影响问题也十分棘手。尽管问题的背景不同，但这些问题都可以转化为利用实际测量值估计线性方程的参数问题。例如，对于可以实际测量到的量 x_1，x_2，x_3，若某方程 $a_1x_1+a_2x_2+a_3x_3=0$ 成立，如何才能有效地估计出 a_1，a_2，a_3 呢？

由于 x_1，x_2，x_3 可以通过实际测量得到，故可以通过3次测量，将3组测量值（x_{1i}，x_{2i}，x_{3i}）分别代入方程 $a_1x_{1i}+a_2x_{2i}+a_3x_{3i}=0$，其中 $i=1$，2，3，再将三个方程联立得到关于 a_1，a_2，a_3 的三元线性方程组

$$\begin{cases} x_{11}a_1+x_{21}a_2+x_{31}a_3=0 \\ x_{12}a_1+x_{22}a_2+x_{32}a_3=0 \\ x_{13}a_1+x_{23}a_2+x_{33}a_3=0 \end{cases} \quad (1)$$

进而求解。

由于测量值（x_{1i}，x_{2i}，x_{3i}）存在误差，故所求得的 a_1，a_2，a_3 也自然存在误差。为了尽可能地减小误差，人们想到增加测量次数进行估计的方式来应对。

那么，究竟是如何使用多次测量值估计 a_1，a_2，a_3 的呢？不妨设进行了9次测量，则将9组测量值（x_{1i}，x_{2i}，x_{3i}）分别代入方程 $a_1x_{1i}+a_2x_{2i}+$

$a_3x_{3i}=0$，其中 $i=1,2,\cdots,9$，再将 9 个方程联立，可得关于 a_1,a_2,a_3 的三元线性方程组：

$$\begin{cases} x_{11}a_1+x_{21}a_2+x_{31}a_3=0 \\ x_{12}a_1+x_{22}a_2+x_{32}a_3=0 \\ \cdots \\ x_{19}a_1+x_{29}a_2+x_{39}a_3=0 \end{cases} \quad (2)$$

为了解决上述问题，当时的科学家或数学家们采用了许多方法，例如，梅耶（Meiyer，1723—1762）、欧拉（Euler，1707—1783）、拉普拉斯（Laplace，1749—1827）等人都对这一问题进行了研究。尽管他们采用的具体方法不一，但其核心思想类似，均是将多个方程合并为数量较少的几个方程，并且保证这几个方程恰好有唯一解。以方程组（2）为例，可以将前三个方程、中间三个方程、后三个方程的左右两边分别求和，将得到的三个新方程联立，进而得到新的方程组（3）。接下来，只要能够顺利求解出方程组（3），就可以得到 a_1,a_2,a_3 的估计值。

$$\begin{cases} \sum_{i=1}^{3}(x_{i1}+x_{i2}+x_{i3})a_i=0 \\ \sum_{i=1}^{3}(x_{i4}+x_{i5}+x_{i6})a_i=0 \\ \sum_{i=1}^{3}(x_{i7}+x_{i8}+x_{i9})a_i=0 \end{cases} \quad (3)$$

然而，上述方法却存在很多不足之处，例如，合并方程的原则是什么，以及这种估计方法的误差有多大，都无法得到良好的解决。因此，如何利用实际测量值估计线性方程组的系数，成为当时的一项紧迫任务。

2. 最小二乘法的诞生

1792 年，法国数学家勒让德（Legendre，1752—1833）开始负责测量穿过法国的子午线的长度工作，这使其开始接触到利用实际测量数据估计线性方程组系数的问题。1805 年，他发表的《计算彗星轨道的新方法》的附录中首先公布了最小二乘法，随后将其用于测量法国子午线的长度。以方程组（2）为例，最小二乘法的核心思想，即致力于找到满足 $\sum_{i=1}^{9}$

$(x_{1i}a_1+x_{2i}a_2+x_{3i}a_3)^2$ 取最小值的 $\hat{a}_1,\hat{a}_2,\hat{a}_3$，然后以 $\hat{a}_1,\hat{a}_2,\hat{a}_3$ 分别作为 a_1,a_2,a_3 的估计值，勒让德在对最小二乘法的评价中指出，它使误差平方和达到最小，在各方程的误差之间建立了一种平衡，这有助于揭示系统更接近真实的状态。最小二乘法很快得到一些欧洲天文和测地工作者的广泛应用。

1801年9月，德国数学家高斯（Gauss，1777—1855）在预测一颗小行星位置时就运用了最小二乘法，但他拒绝透露这个方法，直到8年后他系统完善了相关理论后，才将最小二乘法公布于众，这个也引发了最小二乘法发明的优先权之争。最小二乘法在统计学中发挥着重要作用，是19世纪统计学的"中心主题"。1829年，高斯提供了最小二乘法的优化效果强于其他方法的证明，即为高斯－马尔可夫定理。也就是说勒让德最初提出了最小二乘法，但却是高斯让最小二乘法得以巩固而影响至今。高斯对最小二乘法的最大贡献在于他是建立在正态误差分布的理论基础之上的。包括拉普拉斯用他的中心极限定理也可以推导出最小二乘法。

最小二乘法（又称最小平方法，在古汉语中"平方"称为"二乘"）是一种数据处理优化的方法。它通过最小化偏差的平方和寻找数据的最佳匹配函数。利用最小二乘法可以简便地求得未知的数据，使得这些观测数据与实际数据偏差的平方和最小（或使得这些观测数据与实际数据之间误差的平方和为最小）；在确定回归直线时，它使所确定的回归直线与所有数据对应的纵向距离平方和最小。

最小二乘法的一般形式可表示为目标函数 $=\sum$（观测值－理论值）^{2}。理论值是根据设定的模型计算的。其中含有未知参数，其值以目标函数达到最小值的准则估计。

3. 最小一乘法

最早提出最小一乘法的是意大利天文学家、数学家波斯科维奇（Boscovitch，1711—1787），他在1760年提出，最小一乘法是把最小二乘法中的平方和替换为绝对值和。法国数学家拉普拉斯（Laplace，1749—1827）是使用最小一乘法的积极倡导者，也被许多人误认为是最小一乘法最早的提出者。

历史上，虽然最小一乘法提出比最小二乘法早 45 年，但由于计算上的困难等原因，这个准则的应用和研究长期处于停顿状态，直到 20 世纪 50 年代以后，由于计算机的出现和相关理论与方法的完善，局面才有所改变。

4. 最小二乘法与与最小一乘法优劣性比较

采用最小一乘法无论是刻画样本数据的偏离程度还是求散点的线性回归方程，都要比最小二乘法难度大。从历史上看，由高斯主张的最小二乘法和由拉普拉斯主张的最小一乘法的优劣之争，历经近 200 多年而不衰。这牵涉到计算的难度，也牵涉到用中位数或算术平均值（或期望）对分布的中心趋势作表征，还牵涉到样本中位数与样本算术平均值（或期望）的统计性质。随着最小一乘法计算方法的完善、大样本理论的出现和计算机的使用，最小一乘法的不足之处得到了改善，优势得以提升。但总体来说，最小二乘法的优势仍然十分明显。

19 世纪最重要的统计方法是最小二乘法，美国统计学家斯蒂格勒（Stigler，1911—1991）认为最小二乘法对于数理统计学犹如微积分对于数学，他认为 19 世纪的数理统计学史就是最小二乘法向各个领域拓展的历史。

参考文献：

[1] 李健. 最小二乘法的历史溯源及其教学启示 [J]. 中学数学月刊，2022（10）：14－16.

附录一：中国古代数学发展史

数学古称算学，是中国古代科学中一门重要的学科，根据中国古代数学发展的特点，可以分为五个时期：萌芽、体系的形成、发展、繁荣和中西方数学的融合。

1. 中国古代数学的萌芽

原始公社末期，私有制和货物交换产生以后，数与形的概念有了进一步的发展，仰韶文化时期出土的陶器上面已刻有表示1234的符号。到原始公社末期，已开始用文字符号取代结绳记事了。

西安半坡出土的陶器有用一至八个圆点组成的等边三角形和分大正方形为一百个小正方形的图案，半坡遗址的房屋基址都是圆形和方形。为了画圆作方，确定平直，人们还创造了规、矩、准、绳等作图与测量工具。据《史记·夏本纪》记载，夏禹治水时已使用了这些工具。

商代中期，在甲骨文中已产生一套十进制数字和记数法，其中最大的数字为三万。与此同时，殷人用十个天干和十二个地支组成甲子、乙丑、丙寅、丁卯等六十个名称来记六十天的日期。在周代，又把以前用阴、阳符号构成表示八种事物的八卦发展为六十四卦，表示六十四种事物。

公元前1世纪的《周髀算经》提到西周初期用矩测量高、深、广、远的方法，并举出勾股形的勾三、股四、弦五以及环矩可以为圆等例子。《礼记·内则》提到西周贵族子弟从9岁开始便要学习数目和记数方法，他们要受礼、乐、射、御、书、数的训练，作为"六艺"之一的数已经开始成为专门的课程。

春秋战国之际，筹算已得到普遍的应用，筹算记数法已使用十进位值制，这种记数法对世界数学的发展是有划时代意义的。这个时期的测量数学在生产上有了广泛应用，在数学上亦有相应的发展。

战国时期的百家争鸣也促进了数学的发展，尤其是对于证明和一些命题的争论直接与数学有关。名家认为经过抽象以后的名词概念与它们原来的实体不同，他们提出"矩不方，规不可以为圆"，把"大一"（无穷大）定义为"至大无外"，"小一"（无穷小）定义为"至小无内"；还提出了"一尺之棰，日取其半，万世不竭"等命题。而墨家则认为名来源于物，名可以从不同方面和不同深度反映物。墨家给出一些数学定义。例如圆、方、平、直、次（相切）、端（点）等等。墨家不同意"一尺之棰"的命题，提出一个"非半"的命题来进行反驳：将一线段按一半一半地无限分割下去，就必将出现一个不能再分割的"非半"，这个"非半"就是点。

名家的命题论述了有限长度可分割成一个无穷序列，墨家的命题则指出了这种无限分割的变化和结果。名家和墨家的数学定义和数学命题的讨论，对中国古代数学理论的发展是很有意义的。

2. 中国古代数学体系的形成

秦汉是封建社会的上升时期，经济和文化均得到迅速发展。中国古代数学体系正是形成于这个时期，它的主要标志是算术已成为一个专门的学科，以及以《九章算术》为代表的数学著作的出现。

《九章算术》是战国、秦、汉封建社会创立并巩固时期数学发展的总结，就其数学成就来说，堪称是世界数学名著。例如，分数四则运算、今有术（西方称三率法）、开平方与开立方（包括二次方程数值解法）、盈不足术（西方称双设法）、各种面积和体积公式、线性方程组解法、正负数运算的加减法则、勾股形解法（特别是勾股定理和求勾股数的方法）等，水平都是很高的。其中方程组解法和正负数加减法则在世界数学发展上是遥遥领先的。就其特点来说，它形成了一个以筹算为中心、与古希腊数学完全不同的独立体系。

《九章算术》有几个显著的特点：采用按类分章的数学问题集的形式；算式都是从筹算记数法发展起来的；以算术、代数为主，很少涉及图形性质；重视应用，缺乏理论阐述等。

这些特点是同当时社会条件与学术思想密切相关的。秦汉时期，当时一切科学技术都要为确立和巩固封建制度及发展社会生产服务，强调数学的应用性。最后成书于东汉初年的《九章算术》，排除了战国时期在百家争鸣中出现的名家和墨家重视名词定义与逻辑的讨论，偏重于与当时生产、生活密切相结合的数学问题及其解法，这与当时社会的发展情况是完全一致的。

《九章算术》在隋唐时期曾传到朝鲜、日本，并成为这些国家当时的数学教科书。它的一些成就如十进位值制、今有术、盈不足术等还传到印度和阿拉伯，并通过印度、阿拉伯传到欧洲，促进了世界数学的发展。

3. 中国古代数学的发展

魏、晋时期出现的玄学，不为汉儒经学束缚，思想比较活跃。它诘辩求胜，又能运用逻辑思维，分析义理，这些都有利于数学从理论上加以提高。吴国赵爽（约182—250）注《周髀算经》，汉末魏初徐岳撰《数术记遗》，魏末晋初刘徽（约225—295）撰《九章算术注》、《九章重差图》都是出现在这个时期。赵爽与刘徽的工作为中国古代数学体系奠定了理论基础。

赵爽是中国古代最早对数学定理和公式进行证明与推导的数学家之一。他在《周髀算经》书中补充的"勾股圆方图及注"和"日高图及注"是十分重要的数学文献。在"勾股圆方图及注"中，他提出用弦图证明勾股定理和解勾股形的五个公式；在"日高图及注"中，他用图形面积证明汉代普遍应用的重差公式。赵爽的工作是带有开创性的，在中国古代数学发展中占有重要地位。

刘徽约与赵爽同时，他继承和发展了战国时期名家和墨家的思想，主张对一些数学名词特别是重要的数学概念给以严格的定义，认为对数学知识必须进行"析理"，才能使数学著作简明严密，利于读者。他的《九章算术注》不仅是对《九章算术》的方法、公式和定理进行一般的解释和推导，而且在论述的过程中有很大的发展。刘徽创造割圆术，利用极限的思想证明圆的面积公式，并首次用理论的方法算得圆周率为 $\frac{157}{50}$ 和 $\frac{3927}{1250}$。

刘徽用无穷分割的方法证明了直角方锥与直角四面体的体积比恒为2∶1，解决了一般立体体积的关键问题。在证明方锥、圆柱、圆锥、圆台的体积时，刘徽为彻底解决球的体积提出了正确途径。

东晋以后，中国长期处于战争和南北分裂的状态。祖冲之（429—500）

父子的工作就是经济文化南移以后，南方数学发展的具有代表性的工作，他们在刘徽注《九章算术》的基础上，把传统数学大大向前推进了一步。他们的数学工作主要有：计算出圆周率在 3.1415926—3.1415927 之间、提出祖暅原理、提出二次与三次方程的解法等。

据推测，祖冲之在刘徽割圆术的基础上，算出圆内接正 6144 边形和正 12288 边形的面积，从而得到了这个结果。他又用新的方法得到圆周率两个分数值，即约率 $\frac{22}{7}$ 和密率 $\frac{355}{113}$。祖冲之这一工作，使中国在圆周率计算方面，比西方领先约 1000 年之久；

祖冲之之子祖暅（456—536）总结了刘徽的有关工作，提出"幂势既同则积不容异"，即等高的两立体，若其任意高处的水平截面积相等，则这两立体体积相等，这就是著名的祖暅原理。祖暅应用这个原理，解决了刘徽尚未解决的球体积公式。

隋炀帝好大喜功，大兴土木，客观上促进了数学的发展。唐初王孝通（6—7 世纪）的《缉古算经》，主要讨论土木工程中计算土方、工程分工、验收以及仓库和地窖的计算问题，反映了这个时期数学的情况。王孝通在不用数学符号的情况下，列出数字三次方程，不仅解决了当时社会的需要，也为后来天元术的建立打下基础。此外，对传统的勾股形解法，王孝通也是用数字三次方程解决的。

唐初封建统治者继承隋制，656 年在国子监设立算学馆，设有算学博士和助教，学生 30 人。由太史令李淳风（602—670）等编纂注释《算经十书》，作为算学馆学生用的课本，明算科考试亦以这些算书为准。李淳风等编纂的《算经十书》，对保存数学经典著作、为数学研究提供文献资料方面是很有意义的。他们给《周髀算经》《九章算术》及《海岛算经》所作的注解，对读者是有帮助的。隋唐时期，由于历法的需要，天算学家创立了二次函数的内插法，丰富了中国古代数学的内容。

算筹是中国古代的主要计算工具，它具有简单、形象、具体等优点，但也存在布筹占用面积大，运筹速度加快时容易摆弄不正而造成错误等缺点，因此很早就开始进行改革。其中太乙算、两仪算、三才算和珠算都是用珠的槽算盘，在技术上是重要的改革。尤其是珠算，它继承了筹算五升十进与位值制的优点，又克服了筹算纵横记数与置筹不便的缺点，优越性十分明显。但由于当时乘除算法仍然不能在一个横列中进行。算珠还没有穿档，携带不方便，因此仍没有普遍应用。

唐中期以后，商业繁荣，数字计算增多，迫切要求改革计算方法，从《新唐书》等文献留下来的算书书目，可以看出这次算法改革主要是简化乘、除算法，唐代的算法改革使乘除法可以在一个横列中进行运算，它既适用于筹算，也适用于珠算。

4. 中国古代数学的繁荣

960 年，北宋王朝的建立结束了五代十国割据的局面。北宋的农业、手工业、商业空前繁荣，科学技术突飞猛进，火药、指南针、印刷术三大发明就是在这种经济高涨的情况下得到广泛应用。1084 年秘书省第一次印刷出版了《算经十书》，1213 年鲍澣之又进行翻刻。这些都为数学发展创造了良好的条件。

从 11—14 世纪约 300 年期间，出现了一批著名的数学家和数学著作，如贾宪（1255—1321）的《黄帝九章算法细草》，刘益的《议古根源》，秦九韶（1208—1268）的《数书九章》，李冶（1192—1279）的《测圆海镜》和《益古演段》，杨辉的《详解九章算法》《日用算法》和《杨辉算法》，朱世杰（1249—1314）的《算学启蒙》《四元玉鉴》等，很多领域都达到古代数学的高峰，其中一些成就也是当时世界数学的高峰。

从开平方、开立方到四次以上的开方，在认识上是一个飞跃，实现这个飞跃的就是贾宪。杨辉在《九章算法纂类》中载有贾宪"增乘开平方法""增乘开立方法"；在《详解九章算法》中载有贾宪的"开方作法本源图""增乘方法求廉草"和用增乘开方法开四次方的例子。根据这些记录可以确定贾宪已发现二项系数表，创造了增乘开方法。这两项成就对整个宋元数学产生重大的影响，其中贾宪三角比西方的帕斯卡三角形早提出 600 多年。

把增乘开方法推广到数字高次方程（包括系数为负的情形）解法的是刘益。《杨辉算法》中"田亩比类乘除捷法"卷，介绍了原书中二十二个二次方程和一个四次方程，后者是用增乘开方法解三次以上的高次方程的最早例子。

秦九韶是高次方程解法的集大成者，他在《数书九章》中搜集了二十一个用增乘开方法解高次方程（最高次数为 10）的问题。为了适应增乘开方法的计算程序，秦九韶把常数项规定为负数，把高次方程解法分成各种类型。当方程的根为非整数时，秦九韶采取继续求根的小数，或用减根变换方程各次幂的系数之和为分母，常数为分子来表示根的非整数部分，这是《九章算术》和刘徽注处理无理数方法的发展。在求根的第二位数时，秦九韶还提出以一次项系数除常数项为根的第二位数的试除法，这比西方最早的霍纳（Horner，1786—1837）方法早 500 多年。

元代天文学家王恂（1235—1281）、郭守敬（1231—1316）等在《授时历》中解决了三次函数的内插值问题。秦九韶在"缀术推星"题、朱世杰在《四元玉鉴》"如象招数"题都提到内插法（他们称为招差术），朱世杰得到一个四次函数的内插公式。

用天元（相当于 x）作为未知数符号，立出高次方程，古代称为天元术，这是中国数学史上首次引入符号，并用符号运算来解决建立高次方程的问题。现存最早的天元术著作是李冶的《测圆海镜》。

从天元术推广到二元、三元和四元的高次联立方程组，是宋元数学家的又一项杰出的创造。留传至今，并对这一杰出创造进行系统论述的是朱世杰的《四元玉鉴》。

朱世杰的四元高次联立方程组表示法是在天元术的基础上发展起来的，他把常数放在中央，四元的各次幂放在上、下、左、右四个方向上，其他各项放在四个象限中。朱世杰的最大贡献是提出四元消元法，其方法是先择一元为未知数，其他元组成的多项式作为这未知数的系数，列成若干个一元高次方程式，然后应用互乘相消法逐步消去这一未知数。重复这一步骤便可消去其他未知数，最后用增乘开方法求解。这是线性方法组解法的重大发展，比西方同类方法早 400 多年。

勾股形解法在宋元时期有新的发展，朱世杰在《算学启蒙》卷下提出已知勾弦和、股弦和求解勾股形的方法，补充了《九章算术》的不足。李冶在《测圆海镜》对勾股容圆问题进行了详细的研究，得到九个容圆公式，大大丰富了中国古代几何学的内容。

已知黄道与赤道的夹角和太阳从冬至点向春分点运行的黄经余弧，求赤经余弧和赤纬度数，是一个解球面直角三角形的问题，传统历法都是用内插法进行计算。元代王恂、郭守敬等则用传统的勾股形解法、沈括（1031—1095）用会圆术和天元术解决了这个问题。不过他们得到的是一个近似公式，结果不够精确。但他们的整个推算步骤是正确无误的，从数学意义上讲，这个方法开辟了通往球面三角法的途径。

中国古代计算技术改革的高潮也是出现在宋元时期。宋元明的历史文献中载有大量这个时期的实用算术书目，其数量远比唐代多，改革的主要内容仍是乘除法。与算法改革的同时，穿珠算盘在北宋可能已出现。但如果把现代珠算看成是既有穿珠算盘，又有一套完善的算法和口诀，那么应该说它最后完成于元代。

宋元数学的繁荣，是社会经济发展和科学技术发展的必然结果，是传统数学发展的必然结果。此外，数学家们的科学思想与数学思想也是十分重要的。宋元数学家都在不同程度上反对理学家的象数神秘主义。秦九韶虽曾主张数学与道学同出一源，但他后来认识到，"通神明"的数学是不存在的，只有"经世务类万物"的数学；莫若在《四元玉鉴》序文中提出的"用假象真，以虚问实"则代表了高度抽象思维的思想方法；杨辉对纵横图结构进行研究，揭示出洛书的本质，有力地批判了象数神秘主义。所有这些，无疑是促进数学发展的重要因素。

5. 中西方数学的融合

中国从明代开始进入了封建社会的晚期，封建统治者实行极权统治，宣传唯心主义哲学，施行八股考试制度。在这种情况下，除珠算外，数学发展逐渐衰落。

16 世纪末以后，西方初等数学陆续传入中国，使中国数学研究出现一个中西融合贯通的局面；鸦片战争以后，近代数学开始传入中国，中国数学便转入一个以学习西方数学为主的时期；到 19 世纪末 20 世纪初，近代数学研究才真正开始。

从明初到明中叶，商品经济有所发展，和这种商业发展相适应的是珠算的普及。明初《魁本对相四言杂字》和《鲁班木经》的出现，说明珠算已十分流行。前者是儿童看图识字的课本，后者把算盘作为家庭必需用品列入一般的木器家具手册中。

随着珠算的普及，珠算算法和口诀也逐渐趋于完善。例如，王文素和程大位（1533—1606）增加并改善撞归、起一口诀；徐心鲁和程大位增添加、减口诀并在除法中广泛应用归除，从而实现了珠算四则运算的全部口诀化；朱载堉和程大位把筹算开平方和开立方的方法应用到珠算，程大位用珠算解数字二次、三次方程等等。程大位的著作在国内外流传很广，影响很大。

1582年，意大利传教士利玛窦（Matteo Ricci，1552—1610）到中国，1607年以后，他先后与徐光启（1562—1633）翻译了《几何原本》前六卷、《测量法义》一卷，与李之藻（1565—1630）编译《圜容较义》和《同文算指》。1629年，徐光启被礼部任命督修历法，在他主持下，编译《崇祯历书》一百三十七卷。《崇祯历书》主要是介绍欧洲天文学家第谷（Tycho Brahe，1546—1601）的地心学说。作为这一学说的数学基础，希腊的几何学、欧洲玉山若干的三角学，以及纳皮尔（Napier，1550—1617）算筹，伽利略（Galileo，1564—1642）比例规等计算工具也同时介绍进来。

在传入的数学中，影响最大的是《几何原本》。《几何原本》是中国第一部数学翻译著作，绝大部分数学名词都是首创，其中许多至今仍在沿用。徐光启认为对它"不必疑""不必改""举世无一人不当学"。《几何原本》是明清两代数学家必读的数学书，对他们的研究工作颇有影响。

其次应用最广的是三角学，介绍西方三角学的著作有《大测》《割圆八线表》和《测量全义》。《大测》主要说明三角八线（正弦、余弦、正切、余切、正割、余割、正矢、余矢）的性质，造表方法和用表方法。《测量全义》除增加一些《大测》所缺的平面三角外，比较重要的是积化和差公式和球面三角。所有这些，在当时历法工作中都是随译随用的。

1646年，波兰传教士穆尼阁（Nicolas Smogulacki，1610—1656）来华，跟随他学习西方科学的有薛凤祚（1599—1680）、方中通（1634—1698）等。穆尼阁去世后，薛凤祚据其所学，编成《历学会通》，想把中法西法融会贯通起来。《历学会通》中的数学内容主要有《比例对数表》《比例四线新表》和《三角算法》。前两书是介绍英国数学家纳皮尔和布里格斯（Henry Briggs，1561—1630）发明增修的对数，后一书除《崇祯历书》介绍的球面三角外，尚有半角公式、半弧公式、德氏比例式、纳氏比例式等。方中通所著《数度衍》对对数理论进行解释。对数的传入是十分重要，它在历法计算中立即就得到了应用。

清初学者研究中西数学有心得而著书传世的很多，影响较大的有王锡阐（1628—1682）《图解》、梅文鼎（1633—1721）《梅氏丛书辑要》（其中数学著作十三种共四十卷）、年希尧（1671—1738）《视学》等。梅文鼎是集中西数学之大成者。他对传统数学中的线性方程组解法、勾股形解法和高次幂求正根方法等方面进行整理和研究，使濒于枯萎的明代数学出现了生机。年希尧的《视学》是中国第一部介绍西方透视学的著作。

清康熙皇帝十分重视西方科学，他除了亲自学习天文数学外，还培养了一些人才和翻译了一些著作。1712年康熙皇帝命梅瑴成（1681—1763）任蒙养斋汇编官，会同陈厚耀、何国宗、明安图、杨道声等编纂天文算法书。1721年完成《律历渊源》一百卷，以康熙"御定"的名义于1723年出版。其中《数理精蕴》主要由梅瑴成负责，分上下两编，上编包括《几何原本》《算法原本》，均译自法文著作；下编包括算术、代数、平面几何平面三角、立体几何等初等数学，附有素数表、对数表和三角函数表。由于它是一部比较全面的初等数学百科全书，并有康熙"御定"的名义，因此对当时数学研究有一定影响。

雍正即位以后，对外闭关自守，导致西方科学停止输入中国，对内实行高压政策，致使一般学者既不能接触西方数学，又不敢过问经世致用之学，因而埋头于究治古籍。乾嘉年间逐渐形成一个以考据学为主的乾嘉学派。

随着《算经十书》与宋元数学著作的搜集与注释，出现了一个研究传统数学的高潮。其中能突破旧有框框并有发明创造的有焦循（1763—1820）、汪莱（1768—1813）、李锐（1769—1817）、李善兰（1811—1882）等。他们的工作和宋元时代的代数学比较是青出于蓝而胜于蓝的；和西方代数学比较，在时间上晚了一些，但这些成果是在没有受到西方近代数学的影响下独立得到的。

传统数学研究出现高潮的同时，阮元（1764—1849）与李锐等编写了一部天文数学家传记——《畴人传》，搜集了从黄帝时期到嘉庆四年（1799）已故的天文学家和数学家 270 余人（其中有数学著作传世的不足 50 人），和明末以来介绍西方天文数学的传教士 41 人的著作。这部著作全由"掇拾史书，荃萃群籍，甄而录之"而成，搜集的完全是第一手的原始资料，在学术界颇有影响。

1840 年鸦片战争以后，西方近代数学开始传入中国。首先是英国人在上海设立墨海书馆，介绍西方数学。第二次鸦片战争后，曾国藩（1811—1872）、李鸿章（1823—1901）等官僚集团开展洋务运动，也主张介绍和学习西方数学，组织翻译了一批近代数学著作。其中较重要的有李善兰与伟烈亚力（Wylie，1815—1877）翻译的《代数学》《代微积拾级》、华蘅芳（1833—1902）与英人傅兰雅（Fryer，1839—1928）合译的《代数术》、《微积溯源》《决疑数学》、邹立文与狄考文（Calvin Wilson Mateer，1836—1908）编译的《形学备旨》《代数备旨》《笔算数学》、谢洪赉（1873—1916）与潘慎文（Alvin Pierson Parker，1850—1924）合译的《代形合参》《八线备旨》等等。

《代微积拾级》是中国第一部微积分学译本、《代数学》是英国数学家德·摩根（De Morgam，1806—1871）所著的符号代数学译本、《决疑数学》是第一部概率论译本。在这些译著中，创造了许多数学名词和术语，至今还在应用，但所用数学符号基本已被淘汰了。戊戌变法以后，各地兴办新法学校，上述一些著作便成为主要教科书。

在翻译西方数学著作的同时，中国学者也进行一些研究，写出一些著作，较重要的有李善兰的《尖锥变法解》《考数根法》、夏鸾翔（1822—1864）的《洞方术图解》《致曲术》《致曲图解》等等，都是会通中西学术思想的研究成果。

由于输入的近代数学需要一个消化吸收的过程，加上清末统治者十分腐败，在太平天国运动的冲击，帝国主义列强的掠夺下，人们焦头烂额，无暇顾及数学研究。直到 1919 年五四运动以后，中国近代数学的研究才真正开始。

附录二：九章算术

《九章算术》是中国古代最著名的传世数学著作，是算经十书中最重要的一种。该书内容十分丰富，系统总结了战国、秦、汉时期的数学成就。同时，《九章算术》在数学上还有其独到的成就，不仅最早提到分数问题，也首先记录了盈不足等问题，"方程"章在世界数学史上首次阐述了负数及其加减运算法则。要注意的是《九章算术》没有作者，它是一本综合性的历史著作，是当时世界上最先进的应用数学，它的出现标志中国古代数学形成了完整的体系。

1. 简介

《九章算术》是中国古代的数学专著，是《算经十书》（汉唐之间出现的十部古算书）中最重要的一种。魏晋时刘徽（约 225—295）为《九章算术》作注时说"周公制礼而有九数，九数之流则《九章》是矣"，又说"汉北平侯张苍、大司农中丞耿寿昌皆以善算命世。苍等因旧文之遗残，各称删补，故校其目则与古或异，而所论多近语也"。根据研究，西汉的张苍、耿寿昌曾经做过增补。最后成书最迟在东汉前期，但是其基本内容在东汉后期已经基本定型。《汉书艺文志》（班固根据刘歆《七略》写成）中收录的数学书仅有《许商算术》《杜忠算术》两种，并无《九章算术》，可见《九章算术》的出现要晚于《七略》。《后汉书·马援传》载其侄孙马续"博览群书，善《九章算术》"，马续是公元 1 世纪最后二三十年时人。再根据《九章算术》中可供判定年代的官名、地名等来推断，现传本《九章算术》的成书年代大约是在公元 1 世纪的下半叶。《九章算术》将书中的所有数学问题分为九大类，就是"九章"。

1984 年，在湖北出土了《算数书》书简。据考证，它比《九章算术》要早一个半世纪以上，书中有些内容和《九章算术》非常相似，一些内容的文句也基本相同。有人推测两书具有某些继承关系，但也有不同的看法认为《九章算术》没有直接受到《算数书》影响。

后世的数学家，大都是从《九章算术》开始学习和研究数学，许多人曾为它作过注释。其中最著名的有刘徽（约225—295）、李淳风（602—670）等人。刘、李等人的注释和《九章算术》一起流传至今。唐宋两代，《九章算术》都由国家明令规定为教科书。到了北宋，《九章算术》还曾由政府进行过刊刻（1084），这是世界上最早的印刷本数学书。在现传本《九章算术》中，最早的版本乃是上述北宋本的南宋翻刻本（1213），现藏于上海图书馆（孤本，残，只余前五卷）。清代戴震（1724—1777）由《永乐大典》中抄出《九章算术》全书，并作了校勘。此后的《四库全书》本、武英殿聚珍本、孔继涵刻的《算经十书》本（1773）等，大多数都是以戴校本为底本的。

作为一部世界数学名著，《九章算术》在隋唐时期即已传入朝鲜、日本。它已被译成日、俄、德、法等多种文字版本。

2. 主要内容

《九章算术》的内容十分丰富，全书采用问题集的形式，收有二百四十六个与生产、生活实践有联系的应用问题，其中每道题有问（题目）、答（答案）、术（解题的步骤，但没有证明），有的是一题一术，有的是多题一术或一题多术。这些问题依照性质和解法分别隶属于"方田""粟米""衰分""少广""商功""均输""盈不足""方程"及"勾股"九章。原作有插图，今传本已只剩下正文了。

它们的主要内容分别是：

第一章"方田"：主要讲述了平面几何图形面积的计算方法。包括长方形、等腰三角形、直角梯形、等腰梯形、圆形、扇形、弓形、圆环这八种图形面积的计算方法。另外还系统地讲述了分数的四则运算法则，以及求分子分母最大公约数等方法。其中例题三十八个，立术二十一条。

第二章"粟米"：谷物粮食的按比例折换，提出比例算法，称为今有术；"衰分"章提出比例分配法则，称为衰分术。其中例题四十六个，立术三十三条。

第三章"衰分":比例分配问题。其中例题二十个,立术二十二条。

第四章"少广":已知面积、体积,反求其一边长和径长等;介绍了开平方、开立方的方法。其中例题二十四个,立术十六条。

第五章"商功":土石工程、体积计算,除给出了各种立体体积公式外,还有工程分配方法,其中例题二十八个,立术二十四条。

第六章"均输":合理摊派赋税,用衰分术解决赋役的合理负担问题。今有术、衰分术及其应用方法,构成了包括今天正、反比例、比例分配、复比例、连锁比例在内的整套比例理论。西方直到15世纪末以后才形成类似的全套方法。其中例题二十八个,立术二十八条。

第七章"盈不足":即双设法问题,提出了盈不足、盈适足和不足适足、两盈和两不足三种类型的盈亏问题,以及若干可以通过两次假设化为盈不足问题的一般问题的解法。这也是处于世界领先地位的成果,传到西方后,影响极大。其中例题二十个,立术二十七条。

第八章"方程":一次方程组问题,采用分离系数的方法表示线性方程组,相当于现在的矩阵。解线性方程组时使用的直除法,与矩阵的初等变换一致。这是世界上最早的完整的线性方程组的解法。在西方,直到17世纪才由莱布尼兹(Leibniz,1646—1716)提出完整的线性方程的解法法则。这一章还引进和使用了负数,并提出了正负术——正负数的加减法则,与现今代数中法则完全相同,解线性方程组时实际还施行了正负数的乘除法。这是世界数学史上一项重大的成就,第一次突破了正数的范围,扩展了数系。外国则到7世纪印度的婆罗摩笈多(Brahmagupta,约598—660)才认识负数。其中例题十八个,立术十九条。

第九章"勾股":利用勾股定理求解的各种问题。其中的绝大多数内容是与当时的社会生活密切相关的。提出了勾股数问题的通解公式:若 a、b、c 分别是勾股形的勾、股、弦,则 $a^2+b^2=c^2$。在西方,毕达哥拉斯(Pythagoras,前580—前500)、欧几里得(Euclid,前330—前275)等仅得到了这个公式的几种特殊情况,直到3世纪的丢番图(Diophantus,约246—330)才取得相近的结果,这已比《九章算术》晚约3个世纪了。"勾股"章还有些内容,在西方却还是近代的事。例如"勾股"章最后一题给出的一组公式，在国外到 19 世纪末才由美国的数论学家迪克森（Dickson，1874—1954）得出。其中例题二十四个，立术十九条。

3. 主要特点

《九章算术》确定了中国古代数学的框架，以计算为中心的特点，密切联系实际，以解决人们生产、生活中的数学问题为目的的风格。其影响之深，以至往后中国数学著作大体采取两种形式：或为之作注，或仿其体例著书。甚至西算传入中国之后，人们著书立说时还常常把包括西算在内的数学知识纳入九章的框架。然而，《九章算术》亦有其不容忽视的缺点：没有任何数学概念的定义，也没有给出任何推导和证明。魏景元四年（263），刘徽给《九章算术》作注，才大大弥补了这个缺陷。

刘徽是中国数学家之一。他的生平知之甚少。据考证，他是山东邹平人。刘徽定义了若干数学概念，全面论证了《九章算术》的公式解法，提出了许多重要的思想、方法和命题，他在数学理论方面成绩斐然。

刘徽对数学概念的定义抽象而严谨。他揭示了概念的本质，基本符合现代逻辑学和数学对概念定义的要求。而且他使用概念时亦保持了其同一性。如他提出凡数相与者谓之率，把率定义为数量的相互关系。又如他把正负数定义为今两算得失相反，要令正负以名之，摆脱了正为余，负为欠的原始观念，从本质上揭示了正负得失相反的相对关系。

《九章算术》的算法尽管抽象，但相互关系不明显，显得零乱。刘徽大大发展深化了中国算术中使用已久的率概念和齐同原理，把它们看作运算的纲纪。许多问题，只要找出其中的各种率关系，通过乘以散之，约以聚之，齐同以通之，都可以归结为今有术求解。

一平面（或立体）图形经过平移或旋转，其面积（或体积）不变。把一个平面（或立体）图形分解成若干部分，各部分面积（或体积）之和与原图形面积（或体积）相等。基于这两条不言自明的前提的出入相补原理，是中国古代数学进行几何推演和证明时最常用的原理。刘徽发展了出入相补原理，成功地证明了许多面积、体积以及可以化为面积、体积问题的勾股、开方的公式和算法的正确性。

4. 主要成就

《九章算术》中的数学成就是多方面的：

（1）在算术方面的主要成就有分数运算、比例问题和"盈不足"算法。《九章算术》是世界上最早系统叙述了分数运算的著作，在第二、三、六章中有许多比例问题，在世界上也是比较早的。"盈不足"算法需要给出两次假设，是一项创造，中世纪欧洲称它为"双设法"，有人认为它是由中国经中世纪阿拉伯国家传去的。

《九章算术》中有比较完整的分数计算方法，包括四则运算，通分、约分、化带分数为假分数（我国古代称为通分内子，"内"读为纳）等等。其步骤与方法大体与现代的雷同。

分数加减运算，《九章算术》已明确提出先通分，使两分数的分母相同，然后进行加减。加法的步骤是"母互乘子，并以为实，母相乘为法，实如法而一"。这里"实"是分子，"法"是分母，"实如法而一"也就是用法去除实，进行除法运算，《九章算术》还注意到两点：其一是运算结果如出现"不满法者，以法命之"。就是分子小于分母时便以分数形式保留。其二是"其母同者，直相从之"，就是分母相同的分数进行加减，运算时不必通分，使分子直接加减即可。

《九章算术》中还有求最大公约数和约分的方法。求最大公约数的方法称为"更相减损"法，其具体步骤是"可半者半之，不可半者，副置分母子之数，以少减多，更相减损，求其等也。以等数约之"。这里所说的"等数"就是我们现在的最大公约数。可半者是指分子分母都是偶数，可以折半的先把它们折半，即可先约去二。不可半者即不都是偶数，则另外摆（即副置）分子分母算筹进行计算，从大数中减去小数，辗转相减，减到余数和减数相等，即得等数。

在《九章算术》的第二、三、六等章内，广泛地使用了各种比例解应用问题。"粟米"章的开始就列举了各种粮食间互换的比率如下："粟米之法：粟率五十，粝米三十，粺米二十七，繫米二十四……"这是说：谷子五斗去皮可得糙米三斗，又可舂得九折米二斗七升，或八折米二斗四升……。例如，"粟米"章第一题："今有粟米一斗，欲为粝米，问得几何。"它的解法是：

175

"以所有数乘所求率为实，以所有率为法，实如法而一。"

《九章算术》第七章"盈不足"专讲盈亏问题及其解法，其中第一题："今有（人）共买物，（每）人出八（钱），盈（余）三钱；人出七（钱），不足四（钱），问人数、物价各几何。""答曰：七人，物价五十三（钱）。""盈不足术曰：置所出率，盈、不足各居其下。令维乘（即交错相乘）所出率，并以为实，并盈，不足为法，实如法而一……置所出率，以少减多，余，以约法、实。实为物价，法为人数。"盈不足术是中国数学史上解应用问题的一种别开生面的创造，它在我国古代算法中占有相当重要的地位。盈不足术还经过丝绸之路西传中亚阿拉伯国家，受到特别重视，被称为"契丹算法"，后来又传入欧洲，中世纪时期"双设法"曾长期统治了他们的数学王国。

（2）《九章算术》总结了生产、生活实践中大量的几何知识，在"方田"、"商功"和"勾股"章中提出了很多面积、体积的计算公式和勾股定理的应用。

《九章算术》"方田"章主要论述平面图形直线形和圆的面积计算方法。《九章算术》"方田"章第一题"今有田广十五步，从十六步。问为田几何。""答曰：一亩"。这里"广"就是宽，"从"即纵，指其长度，"方田术曰：广从步数相乘得积步（得积步就是得到乘积的平方步数），以亩法二百四十步（实质应为积步）除之，即亩数。百亩为一顷。"当时称长方形为方田或直田。称三角形为圭田，面积公式为"术曰：半广以乘正从"。这里广是指三角形的底边，正从是指底边上的高，刘徽在注文中对这一计算公式实质上作了证明："半广者，以盈补虚，为直田也。""亦可以半正从以乘广。"盈是多余，虚乃不足。"以盈补虚"就是以多余部分填补不足的部分，这就是我国古代数学推导平面图形面积公式所用的传统的"出入相补"的方法，"以盈补虚"变圭田为与之等积的直田，于是得到了圭田的面积计算公式。"方田"章第二十七、二十八题把直角梯形称为"邪田"（即斜田）它的面积公式是："术曰：并两邪（即两斜，应理解为梯形两底）而半之，以乘正从……又可半正从……以乘并。"刘徽在注中说明他的证法仍是"出入相补"法。"方田"章第二十九、三十题把一般梯形称为"箕田"，上、下底分别称为"舌""踵"，面积公式是："术曰：并踵舌而半之，以乘正从。"

至于圆面积，在《九章算术》"方田"章第三十一、三十二题中，它的面积计算公式为："半周半径相乘得积步。"这里"周"是圆周长，"径"是指直径。这个圆面积计算公式是正确的。只是当时取径一周三（即 $\pi \approx 3$）。于是由此计算所得的圆面积就不够精密。

《九章算术》"商功"章搜集的都是一些有关体积计算的问题。但是商功章并没有论述长方体或正方体的体积算法。看来《九章算术》是在长方体或正方体体积计算公式 $v=abc$ 的基础上来计算其他立体图形体积的。

《九章算术》"商功"章提到城、垣、堤、沟、堑、渠，因其功用不同因而名称各异，其实质都是正截面为等腰梯形的直棱柱，它们的体积计算方法："术曰：并上、下广而半之，以高若深乘之，又以袤乘之，即积尺。"这里上、下广指横截面的上、下底（a，b），高或深（h），袤是指城垣的长。则城、垣的体积计算术公式 $v=\dfrac{1}{2}(a+b)h$。

刘徽在注释中把对于平面图形的出入相补原理推广应用到空间图形，成为"损广补狭"以证明几何体体积公式。

刘徽还用棋验法来推导比较复杂的几何体体积计算公式。所谓棋验法，"棋"是指某些几何体模型即用几何体模型验证的方法，例如长方体本身就是"棋"斜解一个长方体，得两个两底面为直角三角形的直三棱柱，我国古代称为"堑堵"，所以堑堵的体积是长方体体积的二分之一。

《九章算术》"商功"章还有圆锥、圆台（古代称圆亭）的体积计算公式。甚至对三个侧面是等腰梯形，其他两面为勾股形的五面体（古代称羡除），上、下底为矩形的拟柱体（古代称刍童）以及上底为一线段，下底为一矩形的拟柱体（古代称刍甍）等都可以计算其体积。

(3)《九章算术》中的代数内容同样很丰富，具有当时世界的先进水平。

《九章算术》中讲了开平方、开立方的方法，而且计算步骤基本一样。所不同的是古代用筹算进行演算，现以"少广"章第十二题为例，说明古代开平方演算的步骤，"今有积五万五千二百二十五步。问为方几何。""答曰：二百三十五步。"这里所说的步是我国古代的长度单位。

"开方（是指开平方，由正方形面积求其一边之长）术曰：置积为实（即指筹算中把被开方数放置于第二行，称为实）借一算（指借用一算筹放置于最后一行）。步之（指所借的算筹一步一步移动）超一等（指所借的算筹由个位越过十位移至百位或由百位越过千位移至万位等等，这与现代笔算开平方中分节相当）。议所得（指议得初商，由于实的万位数字是 5，而且 22<25<32，议得初商为 2，而借算在万位，因此应在第一行置初商 2 于百位）。以一乘所借一算为法（指以初商 2 乘所借算一次为 20000，置于"实"下为"法"）而以除（指以初商 2 乘"法"20000 得 40000，由"实"减去得：55225－40000＝15225）除已，倍法为定法，其复除，折法而下（指将"法"加倍，向右移一位，得 4000 为"定法"，因为要求平方根的十位数字，需要把"借算"移至百位）。复置借算步之如初，以复议一乘之，所得副，以加定法，以除（要求平方根的十位数字，需置借算于百位。因"实"的千位数字为 15，且 4×3<15<4×4，于是再议得次商为 3。置 3 于商的十位。以次商 3 乘借算得 3×100＝300，与定法相加为 4000＋300＝4300。再乘以次商，则得：3×4300＝12900，由"实"减去得：15225－12900＝2325）。以所得副从定法，复除折下如前（这一句是指演算如前，即再以 300×1＋4300＝4600 向右移一位，得 460，是第三位方根的定法，再把借算移到个位；又议得 3 商应为 5，再置 5 于商的个位，以 5＋460＝465，再乘以 3 商 5，得 465×5＝2325 经计算恰尽，因此得平方根为 235）。"

上述是按算筹进行演算的，看起来似乎很繁琐，实际上步骤十分清楚，易于操作。它的开平方原理与现代开平方原理相同。其中"借算"的右移、左移在现代的观点下可以理解为一次变换和代换。《九章算术》时代并没有理解到变换和代换，但是这对以后宋、元时期高次方程的解法是有深远影响的。

《九章算术》"方程"章中的"方程"是专指多元一次方程组，与现代"方程"的含义并不相同。《九章算术》中多元一次方程组的解法，是将它们的系数和常数项用算筹摆成"方阵"（所以称之谓"方程"）。消元的过程相当于现代大学课程高等代数中的线性变换。

由于《九章算术》在用直除法解一次方程组过程中，不可避免地要出现正负数的问题，于是在"方程"章第三题中明确提出了正负术。刘徽在该术的注文里实质上给出了正、负数的定义："两算得失相反，要令'正''负'以名之。"并在计算工具即算筹上加以区别"正算赤，负算黑，否则以邪正为异"。这就是规定正数用红色算筹，负数用黑色算筹。如果只有同色算筹的话，则遇到正数将筹正放，负数时邪（同斜）放。宋代以后出现笔算也相应地用红、黑色数码字以区别正、负数，或在个位数上记斜划以表示负数，后来这种包括负数写法在内的中国数码字还传到日本。

关于正、负数的加减运算法则，"正负术曰：同名相益，异名相除，正无入负之，负无入正之。其异名相除，同名相益，正无入正之，负无入负之"。这里所说的"同名""异名"分别相当于所说的同号、异号。"相益""相除"是指二数相加、相减。

关于正负数的乘除法则，在《九章算术》时代或许会遇到有关正负数的乘除运算。可惜书中并未论及，直到元代朱世杰（1249—1314）于《算学启蒙》（1299）中才有明确的记载："同名相乘为正，异名相乘为负"。"同名相除所得为正，异名相除所得为负"。因此至 13 世纪末我国对有理数四则运算法则已经全面作了总结。至于正负数概念的引入，正负数加减运算法则的形成的历史记录，我国更是遥遥领先。国外首先承认负数的是 7 世纪印度数学家婆罗摩笈多，欧洲到 16 世纪才承认负数。

5. 历史考证

现传本《九章算术》成书于何时，众说纷纭，多数认为在西汉末到东汉初之间，约公元 1 世纪前后，《九章算术》的作者不详。很可能是在成书前一段历史时期内通过多人之手逐次整理、修改、补充而成的集体创作结晶。由于 2000 年来经过辗转手抄、刻印，难免会出现差错和遗漏，加上《九章算术》文字简略有些内容不易理解，因此历史上有过多次校正和注释。

关于对《九章算术》所做的校注主要有：西汉张苍增订、删补，三国时曹魏刘徽注，唐李淳风注，南宋杨辉著《详解九章算法》选用《九章算术》中八十道典型的题作详解并分类，清李潢所著《九章算术细草图说》对《九章算术》进行了校订、列算草、补插图、加说明，是图文并茂之作。现代钱宝琮（1892—1974）曾对包括《九章算术》在内的《算经十书》进行了点校，用通俗语言、近代数学术语对《九章算术》及刘、李注文详加注释。80 年代以来，白尚恕、郭书春、李继闵等都有校注本出版。

6. 历史影响

《九章算术》是世界上最早系统叙述了分数运算的著作，其中盈不足的算法更是一项令人惊奇的创造，"方程"章还在世界数学史上首次阐述了负数及其加减运算法则。在代数方面，《九章算术》在世界数学史上最早提出负数概念及正负数加减法，中学讲授的线性方程组的解法和《九章算术》介绍的方法大体相同。注重实际应用是《九章算术》的一个显著特点。该书的一些知识还传播至印度和阿拉伯，甚至经过这些地区远至欧洲。

《九章算术》是几代人共同劳动的结晶，它的出现标志着中国古代数学体系的形成。后世的数学家，大都是从《九章算术》开始学习和研究数学知识的。唐宋两代都由国家明令规定为教科书。1084 年由当时的北宋朝廷进行刊刻，这是世界上最早的印刷本数学书。可以说，《九章算术》是中国为数学发展做出的又一杰出贡献。

在《九章算术》中有许多数学问题都是世界上记载最早的。例如，关于比例算法的问题，它和后来在 16 世纪西欧出现的三分律的算法一样。关于双设法的问题，在阿拉伯曾称为契丹算法，13 世纪以后的欧洲数学著作中也有如此称呼的，这也是中国古代数学知识向西方传播的一个证据。

《九章算术》对中国古代的数学发展有很大影响，这种影响一直持续到了清朝中叶。《九章算术》的叙述方式以归纳为主，先给出若干例题，再给出解法，不同于西方以演绎为主的叙述方式，中国后来的数学著作也都是采用叙述方式为主。历代数学家有不少人曾经注释过这本书，其中以刘徽和李淳风的注释最有名。

《九章算术》还流传到了日本和朝鲜，对其古代的数学发展也产生了很大的影响。

附录三：中国古今著名数学家成就

1. 中国古代著名数学家及其主要贡献

1.1 刘徽：《九章算术注》和《海岛算经》

刘徽（约225—295），三国后期魏国人，是中国古代杰出的数学家，也是中国古典数学理论的奠基者之一。其生卒年月、生平事迹，史书上很少记载。据有限史料推测，他是魏晋时代山东邹平人。终生未做官。他在世界数学史上，也占有杰出的地位。他的杰作《九章算术注》和《海岛算经》，是我国最宝贵的数学遗产。

《九章算术》约成书于东汉之初，共有二百四十六个问题的解法。在许多方面，如解联立方程、分数四则运算、正负数运算、几何图形的体积面积计算等，都属于世界先进之列，但因解法比较原始，缺乏必要的证明，而刘徽则对此均作了补充证明。在这些证明中，显示了他在多方面的创造性的贡献。他是世界上最早提出十进小数概念的人，并用十进小数来表示无理数的立方根。在代数方面，他正确地提出了正负数的概念及其加减运算的法则，改进了线性方程组的解法。在几何方面，提出了"割圆术"，即将圆周用内接或外切正多边形穷竭的一种求圆面积和圆周长的方法。他利用割圆术科学地求出了圆周率 $\pi=3.14$ 的结果。刘徽在割圆术中提出的"割之弥细，所失弥少，割之又割以至于不可割，则与圆合体而无所失矣"，这可视为中国古代极限观念的佳作。

《海岛算经》一书中，刘徽精心选编了九个测量问题，这些题目的创造性、复杂性和代表性，都在当时为西方所瞩目。

刘徽思想敏捷，方法灵活，既提倡推理又主张直观。他是我国最早明确主张用逻辑推理的方式来论证数学命题的人。

1.2 祖冲之:《缀术》

祖冲之（429—500）是我国杰出的数学家，科学家。南北朝时期人，汉族，字文远。生于未文帝元嘉六年（429），卒于齐昏侯永元二年（500）。祖籍范阳郡遒县（今河北涞水县）。其主要贡献在数学、天文历法和机械三方面。在数学方面，他写了《缀术》一书，被收入著名的《算经十书》中，作为唐代国子监算学课本，可惜后来失传了。祖冲之还和儿子祖暅（456—536）一起成功地利用牟合方盖解决了球体积的计算问题，得到正确的球体积公式。在机械学方面，他设计制造过水碓磨、铜制机件传动的指南车、千里船、定时器等等。此外，对音乐也研究。他是历史上少有的博学多才的人物。月球上还有一座环形山是以他的名字命名的。

祖冲之在数学上的杰出成就，是关于圆周率的计算。秦汉以前，人们以"径一周三"作为圆周率，这就是"古率"。后来发现古率误差太大，圆周率应是"圆径一而周三有余"，不过究竟余多少，意见不一。直到三国时期，刘徽提出了计算圆周率的科学方法——"割圆术"，用圆内接正多边形的周长来逼近圆周长。刘徽计算到圆内接96边形，求得 $\pi=3.14$，并指出，内接正多边形的边数越多，所求得的 π 值越精确。祖冲之在前人成就的基础上，经过刻苦钻研，反复演算，求出 π 在 3.1415926 与 3.1415927 之间，并得出了 π 分数形式的近似值，取 $\frac{22}{7}$ 为约率，取 $\frac{355}{113}$ 为密率，其中 $\frac{355}{113}$ 取 6 位小数是 3.141592，它是分子分母在 16604 以内最接近 π 值的分数。祖冲之究竟用什么方法得出这一结果，现在无从考查。若设想他按刘徽的"割圆术"方法去求的话，就要计算到圆内接 12288 边形，这需要花费多少时间和付出多么巨大的劳动啊！由此可见他在治学上的顽强毅力和聪敏才智是令人钦佩的。外国数学家获得与祖冲之计算得出的密率同样的结果，已是 1000 多年以后的事了。为了纪念祖冲之的杰出贡献，日本数学史家三上义夫（1875—1950）建议把 π 叫做"祖率"。

祖冲之博览当时的名家经典，坚持实事求是，他从亲自测量计算的大量资料中对比分析，发现过去历法的严重误差，并勇于改进，在他 33 岁时编制成功了《大明历》，开辟了历法史的新纪元。

祖冲之还与他的儿子祖暅一起，用巧妙的方法解决了球体体积的计算。

他们当时采用的一条原理是："幂势既同，则积不容异。"意即位于两平行平面之间的两个立体，被任一平行于这两平面的平面所截，如果两个截面的面积恒相等，则这两个立体的体积相等。这一原理，在西文被称为卡瓦列利（Cavalieri，1598—1647）原理，但这是在祖氏以后1000多年才由卡氏发现的。为了纪念祖氏父子发现这一原理的重大贡献，大家也称这原理为"祖暅原理"。

1.3 张丘建：《张丘建算经》

《张丘建算经》三卷，据钱宝琮考，约成书于公元466—485年间。张丘建，北魏时清河（今山东临清一带）人，生平不详。最小公倍数的应用、等差数列各元素互求以及"百鸡术"等是其主要成就。"百鸡术"是世界著名的不定方程问题。13世纪意大利斐波那契（Fibonacci，1175—1250）《算经》、15世纪阿拉伯阿尔·卡西（Al Kashi，1380—1429）《算术之钥》等著作中均出现有相同的问题。

1.4 朱世杰：《算学启蒙》和《四元玉鉴》

朱世杰（1249—1314），字汉卿，号松庭，寓居燕山（今北京附近），"以数学名家周游湖海二十余年"，"踵门而学者云集"。朱世杰数学代表作有《算学启蒙》（1299）和《四元玉鉴》（1303）。《算学启蒙》是一部通俗数学名著，曾流传海外，影响了朝鲜、日本数学的发展。《四元玉鉴》则是中国宋元数学高峰的又一个标志，其中最杰出的数学创作有"四元术"（多元高次方程列式与消元解法）、"垛积法"（高阶等差数列求和）与"招差术"（高次内插法）。

1.5 贾宪：《黄帝九章算经细草》

中国古典数学家的成就在宋元时期达到了高峰，这一发展的序幕是"贾宪三角"（二项展开系数表）的发现及与之密切相关的高次开方法（"增乘开方法"）的创立。贾宪，北宋人，约于1050年左右完成《黄帝九章算经细草》，原书佚失，但其主要内容被杨辉（约13世纪中）著作所抄录，因此传世。杨辉《详解九章算法》（1261）载有"开方作法本源图"，注明"贾宪用此术"。这就是著名的"贾宪三角"，或称"杨辉三角"。《详解九章算法》同时录有贾宪进行高次幂开方的"增乘开方法"。

贾宪三角在西方文献中称"帕斯卡三角"，1654年为法国数学家帕斯卡

（Pascal，1623—1662）重新发现。

1.6　秦九韶：《数书九章》

秦九韶（1208—1268），字道古，四川安岳人，先后在湖北、安徽、江苏、浙江等地做官，1261年左右被贬至梅州（今广东梅县），不久死于任所。秦九韶与李冶、杨辉、朱世杰并称宋元数学四大家。他早年在杭州"访习于太史，又尝从隐君子受数学"，1247年写成著名的《数书九章》。《数书九章》全书共十八卷，八十一题，分九大类（大衍、天时、田域、测望、赋役、钱谷、营建、军旅、市易）。其最重要的数学成就——"大衍求一术"（一次同余式组解法）与"正负开方术"（高次方程数值解法），使这部宋代算经在中世纪世界数学史上占有突出的地位。

1.7　李冶：《测圆海镜》

随着高次方程数值求解技术的发展，列方程的方法也相应产生，这就是所谓"开元术"。在传世的宋元数学著作中，首先系统阐述开元术的是李冶的《测圆海镜》。

李冶（1192—1279）原名李治，号敬斋，金代真定栾城人，曾任钧州（今河南禹县）知事，1232年钧州被蒙古军所破，遂隐居治学，被元世祖忽必烈聘为翰林学士，仅1年，便辞官回家。1248年撰成《测圆海镜》，其主要目的就是说明用开元术列方程的方法。"开元术"与现代代数中的列方程法相类似，"立天元一为某某"，相当于"设x为某某"，可以说是符号代数的尝试。李冶还有另一部数学著作《益古演段》（1259），也是讲解开元术的。

2. 以华人数学家名字命名的数学研究成果

中国古代算术的许多研究成果里面就早已孕育了后来西方数学才涉及的思想方法，近代也有不少世界领先的数学研究成果就是以华人数学家名字命名的：

2.1　李氏恒等式

数学家李善兰（1811—1882）在级数求和方面的研究成果，在国际上被命名为"李氏恒等式"。

2.2　华氏定理

数学家华罗庚（1910—1985）关于完整三角和的研究成果被国际数学界

称为"华氏定理";另外他与数学家王元（1930—2021）提出多重积分近似计算的方法被国际上誉为"华－王方法"。

2.3 苏氏锥面

数学家苏步青（1902—2003）在仿射微分几何学方面的研究成果在国际上被命名为"苏氏锥面"。

2.4 熊氏无穷级

数学家熊庆来（1893—1969）关于整函数与无穷级的亚纯函数的研究成果被国际数学界誉为"熊氏无穷级"。

2.5 陈示性类

数学家陈省身（1911—2004）关于示性类的研究成果被国际上称为"陈示性类"。

2.6 周氏坐标

数学家周炜良（1911—1995）在代数几何学方面的研究成果被国际数学界称为"周氏坐标";另外还有以他命名的"周氏定理"和"周氏环"。

2.7 吴氏方法

数学家吴文俊（1919—2017）关于几何定理机器证明的方法被国际上誉为"吴氏方法";另外还有以他命名的"吴氏公式"。

2.8 王氏悖论

数学家王浩（1921—1995）关于数理逻辑的一个命题被国际上定为"王氏悖论"。

2.9 柯氏定理

数学家柯召（1910—2002）关于卡特兰问题的研究成果被国际数学界称为"柯氏定理";另外他与数学家孙琦（1937—2020）在数论方面的研究成果被国际上称为"柯－孙猜测"。

2.10 陈氏定理

数学家陈景润（1933—1996）在哥德巴赫猜想研究中提出的命题被国际数学界誉为"陈氏定理"。

2.11 杨－张定理

数学家杨乐（1939—2023）和张广厚（1937—1987）在函数论方面的研

究成果被国际上称为"杨—张定理"。

2.12 陆氏猜想

数学家陆启铿（1927—2015）关于常曲率流形的研究成果被国际上称为"陆氏猜想"。

2.13 夏氏不等式

数学家夏道行（1930年至今）在泛函积分和不变测度论方面的研究成果被国际数学界称为"夏氏不等式"。

2.14 姜氏空间

数学家姜伯驹（1937年至今）关于尼尔森数计算的研究成果被国际上命名为"姜氏空间"；另外还有以他命名的"姜氏子群"。

2.15 侯氏定理

数学家侯振挺（1936年至今）关于马尔可夫过程的研究成果被国际上命名为"侯氏定理"。

2.16 周氏猜测

数学家周海中（1955年至今）关于梅森素数分布的研究成果被国际上命名为"周氏猜测"。

2.17 王氏定理

数学家王戍堂（1933—2021）关于点集拓扑学的研究成果被国际数学界誉为"王氏定理"。

2.18 袁氏引理

数学家袁亚湘（1960年至今）在非线性规划方面的研究成果被国际上命名为"袁氏引理"。

2.19 景氏算子

数学家景乃桓（1962年至今）在对称函数方面的研究成果被国际上命名为"景氏算子"。

2.20 陈氏文法

数学家陈永川（1964年至今）在组合数学方面的研究成果被国际上命名为"陈氏文法"。

附录四：三次数学危机

1. 第一次数学危机

毕达哥拉斯定理提出后，其学派中的一个成员希帕索斯考虑了一个问题：边长为 1 的正方形其对角线长度是多少呢？他发现这一长度既不能用整数，也不能用分数表示，而只能用一个新数来表示。希帕索斯的发现导致了数学史上第一个无理数 $\sqrt{2}$ 的诞生。小小的 $\sqrt{2}$ 的出现，却在当时的数学界掀起了一场巨大风暴。它直接动摇了毕达哥拉斯学派的数学信仰，使毕达哥拉斯学派为之大为恐慌。实际上，这一伟大发现不但是对毕达哥拉斯学派的致命打击，对于当时所有古希腊人的观念都是一个极大的冲击。这一结论的悖论性表现在它与常识的冲突上：任何量，在任何精确度的范围内都可以表示成有理数。这不但在当时希腊是人们普遍接受的信仰，就是在今天，测量技术已经高度发展时，这个断言也毫无例外是正确的。可是为我们的经验所确信的，完全符合常识的论断居然被小小的 $\sqrt{2}$ 的存在而推翻了！这应该是多么违反常识，多么荒谬的事。更糟糕的是，面对这一荒谬人们竟然毫无办法。在当时这就直接导致了人们认识上的危机，从而导致了西方数学史上一场大的风波，史称"第一次数学危机"。

2. 第二次数学危机

导数源于微积分工具的使用。伴随着人们科学理论与实践认识的提高，在 17 世纪的几乎同一时期，微积分这一锐利无比的数学工具为牛顿（Newton，1643—1727）、莱布尼茨（Leibniz，1646—1716）各自独立发现。这一工具一问世，就显示出它的非凡威力。许许多多疑难问题运用这一工具后变得易如反掌。但是不管是牛顿，还是莱布尼茨所创立的微积分理论都是不严格的。两人的理论都建立在无穷小分析之上，但他们对作为基本概念的无穷小量的理解与运用却是混乱的。因而，从微积分诞生时就遭到了一些人的反对与攻击。

一直到 19 世纪 20 年代，一些数学家才开始比较关注于微积分的严格基础。从波尔查诺（Bolzano，1781—1848）、阿贝尔（Abel，1802—1829）、柯西（Cauchy，1789—1857）、狄利克雷（Dirichlet，1805—1859）等人的工作开始，最终由魏尔斯特拉斯（Weierstrass，1815—1897）、戴德金（Dedekind，1831—1916）和康托（Cantor，1845—1918）彻底完成，中间经历了半个多世纪，基本上解决了矛盾，为数学分析奠定了一个严格的基础。

3. 第三次数学危机

19 世纪下半叶，康托创立了著名的集合论，在集合论刚产生时，曾遭到许多人的猛烈攻击。但不久这一开创性成果就为广大数学家所接受了，并且获得广泛而高度的赞誉。数学家们发现，从自然数与康托集合论出发可建立起整个数学大厦，因而集合论成为了现代数学的基石。"一切数学成果可建立在集合论基础上"这一发现使数学家们为之陶醉。1900 年，国际数学家大会上，法国著名数学家庞加莱（Poincare，1854—1912）就兴高采烈地宣称："……借助集合论概念，我们可以建造整个数学大厦……今天，我们可以说绝对的严格性已经达到了……"

可是，好景不长。1903 年，一个震惊数学界的消息传出：集合论是有漏洞的！这就是英国数学家罗素（Russell，1872—1970）提出的著名的罗素悖论。

罗素构造了一个集合 S：S 由一切不是自身元素的集合所组成。然后罗素问：S 是否属于 S 呢？根据排中律，一个元素或者属于某个集合，或者不属于某个集合。因此，对于一个给定的集合，问是否属于它自己是有意义的。但对这个看似合理的问题的回答却会陷入两难境地。如果 S 属于 S，根据 S 的定义，S 就不属于 S；反之，如果 S 不属于 S，同样根据定义，S 就属于 S。无论如何都是矛盾的。

危机产生后，数学家纷纷提出自己的解决方案。人们希望能够通过对康托的集合论进行改造，通过对集合定义加以限制来排除悖论，这就需要建立新的原则。"这些原则必须足够狭窄，以保证排除一切矛盾；另一方面又必须充分广阔，使康托集合论中一切有价值的内容得以保存下来。"1908年，策梅洛（Zermelo，1871—1953）在自己这一原则基础上提出第一个公理化集合论体系，后来经其他数学家改进，称为 ZF 系统。这一公理化集合系统很大程度上弥补了康托朴素集合论的缺陷。除 ZF 系统外，集合论的公理系统还有多种，如冯·诺伊曼（Von Neumann，1903—1957）等人提出的 NBG 系统等。

附录五：世界七大数学难题

这七大"世界难题"是：NP 完全问题、霍奇猜想、庞加莱猜想、黎曼假设、杨－米尔斯理论、纳卫尔－斯托可方程、BSD 猜想。这七个问题都被悬赏 100 万美元。

数学大师大卫·希尔伯特（Hilbert，1862—1943）在 1900 年 8 月 8 日于巴黎召开的第二届世界数学家大会上的著名演讲中提出了二十三个数学难题。希尔伯特问题在过去百年中激发数学家的智慧，指引数学前进的方向，其对数学发展的影响和推动是巨大的，无法估量的。

20 世纪是数学大发展的一个世纪。数学的许多重大难题得到完满解决，如费马大定理的证明，有限单群分类工作的完成等，从而使数学的基本理论得到空前发展。

2000 年初，美国克雷数学研究所的科学顾问委员会选定了七个"千年大奖问题"，克雷数学研究所的董事会决定建立 700 万美元的大奖基金，每个"千年大奖问题"的解决都可获得 100 万美元的奖励。克雷数学研究所"千年大奖问题"的选定，其目的不是为了形成新世纪数学发展的新方向，而是集中在对数学发展具有中心意义、数学家们梦寐以求而期待解决的重大难题。

2000 年 5 月 24 日，"千年数学会议"在著名的法兰西学院举行。会上，1997 年菲尔兹奖获得者伽沃斯（Gowers）以"数学的重要性"为题作了演讲，其后，塔特（Tate）和阿啼亚（Achiya）公布和介绍了这七个"千年大奖问题"。克雷数学研究所还邀请有关研究领域的专家对每一个问题进行了较详细的详述。克雷数学研究所对"千年大奖问题"的解决与获奖作了严格规定。每一个"千年大奖问题"获得解决并不能立即得奖。任何解决答案必须在具有世界声誉的数学杂志上发表 2 年后且得到数学界的认可，才有可能由克雷数学研究所的科学顾问委员会审查决定是否值得获得百万美元大奖。

其中有一个已被解决［庞加莱猜想已由俄罗斯数学家格里戈里·佩雷尔曼（Grigory Perelman）破解］，还剩六个。

"千年大奖问题"公布以来，在世界数学界产生了强烈反响。这些问题都是关于数学基本理论的，但这些问题的解决将对数学理论的发展和应用的深化产生巨大推动。认识和研究"千年大奖问题"已成为世界数学界的热点，不少国家的数学家正在组织联合攻关，"千年大奖问题"将会改变新世纪数学发展的历史进程。

附录六：射影几何学

射影几何是研究图形的射影性质，即它们经过射影变换后，依然保持不变的图形性质的几何学分支学科，一度也叫做投影几何学。在经典几何学中，射影几何处于一种特殊的地位，通过它可以把其他一些几何学联系起来。

1. 射影几何的发展简况

17 世纪，当笛卡尔（Descarter，1596—1650）和费马（Fermat，1601—1665）创立的解析几何问世的时候，还有一门几何学同时出现在人们的面前。这门几何学和画图有很密切的关系，它的某些概念早在古希腊时期就曾引起一些学者的注意，欧洲文艺复兴时期透视学的兴起，给这门几何学的产生和成长准备了充分的条件。这门几何学就是射影几何学。

基于绘图学和建筑学的需要，古希腊几何学家就开始研究透视法，也就是投影和截影。早在公元前 200 年左右，阿波罗尼奥斯（Apollonius，约前 262—前 190）就曾把二次曲线作为正圆锥面的截线来研究。在 4 世纪帕普斯（Pappus，3—4 世纪）的著作中，出现了帕普斯定理。

在文艺复兴时期，人们在绘画和建筑艺术方面非常注意和大力研究如何在平面上展现实物的图形。那时候，人们发现，一个画家要把一个事物画在一块画布上就好比是用自己的眼睛当作投影中心，把实物的影子影射到画布上去，然后再描绘出来。在这个过程中，被描绘下来的像中的各个元素的相对大小和位置关系，有的变化了，有的却保持不变。这样就促使了数学家对图形在中心投影下的性质进行研究，因而就逐渐产生了许多过去没有的新的概念和理论，形成了射影几何这门学科。

射影几何真正成为独立的学科、成为几何学的一个重要分支，主要是在 17 世纪。在 17 世纪初期，开普勒（Kepler，1571—1630）最早引进了无穷远点概念。为这门学科建立做出了重要贡献的是两位法国数学家——笛沙格（Desargues，1591—1661）和帕斯卡（Pascal，1623—1662）。

笛沙格是一个自学成才的数学家，他年轻的时候当过陆军军官，后来钻研工程技术，成了一名工程师和建筑师，他很不赞成为理论而搞理论，决心用新的方法来证明圆锥曲线的定理。1639 年，他出版了主要著作《试论圆锥曲线和平面的相交所得结果》的初稿，书中他引入了许多几何学的新概念。他的朋友笛卡尔、帕斯卡、费马都很推崇他的著作，费马甚至认为他是圆锥曲线理论的真正奠基人。

笛沙格在他的著作中，把直线看作是具有无穷大半径的圆，而曲线的切线被看作是割线的极限，这些概念都是射影几何学的基础。用他的名字命名的笛沙格定理：如果两个三角形对应顶点连线共点，那么对应边的交点共线，反之也成立，就是射影几何的基本定理。

帕斯卡也为射影几何学的早期工作做出了重要的贡献，1641 年，他发现了一条定理："内接于二次曲线的六边形的三双对边的交点共线。"这条定理叫做帕斯卡六边形定理，也是射影几何学中的一条重要定理。1658 年，他写了《圆锥曲线论》一书，书中很多定理都是射影几何方面的内容。笛沙格和他是朋友，曾经敦促他搞透视学方面的研究，并且建议他要把圆锥曲线的许多性质简化成少数几个基本命题作为目标。帕斯卡接受了这些建议。后来他写了许多有关射影几何方面的小册子。

不过笛沙格和帕斯卡的这些定理，只涉及关联性质而不涉及度量性质（长度、角度、面积）。但他们在证明中却用到了长度概念，而不是用严格的射影方法，他们也没有意识到，自己的研究方向会导致产生一个新的几何体系射影几何。他们所用的是综合法，随着解析几何和微积分的创立，综合法让位于解析法，射影几何的探讨也中断了。

射影几何的主要奠基人是 19 世纪的彭赛列（Poncelet，1788—1867）。他是画法几何的创始人蒙日（Gaspard Monge，1746—1818）的学生。蒙日带动了他的许多学生用综合法研究几何。由于笛沙格和帕斯卡等的工作被长期忽视了，前人的许多工作他们不了解，不得不重新再做。

1822 年，彭赛列发表了射影几何的第一部系统著作。他是认识到射影几何是一个新的数学分支的第一个数学家。他通过几何方法引进无穷远虚圆点，研究了配极对应并用它来确立对偶原理。随后，施泰纳（Steiner Jakob，1796—1863）研究了利用简单图形产生较复杂图形的方法，线素二次曲线概念也是他引进的。为了摆脱坐标系对度量概念的依赖，施陶特（K. G. C. Von，1798—1867）通过几何作图来建立直线上的点坐标系，进而使交比也不依赖于长度概念。由于忽视了连续公理的必要性，他建立坐标系的做法还不完善，但却迈出了决定性的一步。

另一方面，运用解析法来研究射影几何也有长足进展。首先是莫比乌斯（Mobius，1790—1868）创建一种齐次坐标系，把变换分为全等、相似、仿射、直射等类型，给出线束中四条线交比的度量公式等。接着，普吕克（J. Placker，1801—1868）引进了另一种齐次坐标系，得到了平面上无穷远线的方程，无穷远圆点的坐标。他还引进了线坐标概念，于是从代数观点就自然得到了对偶原理，并得到了关于一般线素曲线的一些概念。

在19世纪前半叶的几何研究中，综合法和解析法的争论异常激烈。有些数学家完全否定综合法，认为它没有前途，而一些几何学家，如沙勒（Michel Cnasles，1793—1880），施图迪（Study Eduard，1862—1930）和施泰纳等，则坚持用综合法而排斥解析法。还有一些人，如彭赛列，虽然承认综合法有其局限性，在研究过程中也难免借助于代数，但在著作中总是用综合法来论证。他们的努力使综合射影几何形成一个优美的体系，而且用综合法也确实形象鲜明，有些问题论证直接而简洁。1882年帕施（Pasch，1843—1930）建成第一个严格的射影几何演绎体系。

射影几何学的发展和其他数学分支的发展有密切的关系，特别是"群"的概念产生以后，也被引进了射影几何学，对这门几何学的研究起了促进作用。

把各种几何和变换群相联系的是克莱因（Klein，1849—1925），他在埃尔朗根纲领中提出了这个观点，并把几种经典几何看作射影几何的子几何，使这些几何之间的关系变得十分明朗。这个纲领产生了巨大影响。但有些几何，如黎曼几何，不能纳入这个分类法。后来嘉当（Cartan，1869—1951）等在拓广几何分类的方法中做出了新的贡献。

2. 射影几何学的内容

概括的说，射影几何学是几何学的一个重要分支学科，它是专门研究图形的位置关系的，也是专门用来讨论在把点投影到直线或者平面上的时候，图形的不变性质的学科。

在射影几何学中，把无穷远点看作是"理想点"。通常的直线再加上一个无穷点就是无穷远直线，如果一个平面内两条直线平行，那么这两条直线就交于这两条直线共有的无穷远点。通过同一无穷远点的所有直线平行。

在引入无穷远点和无穷远直线后，原来普通点和普通直线的结合关系依然成立，而过去只有两条直线不平行的时候才能求交点的限制就消失了。

由于经过同一个无穷远点的直线都平行，因此中心射影和平行射影两者就可以统一了。平行射影可以看作是经过无穷远点的中心投影了。这样凡是利用中心投影或者平行投影把一个图形映成另一个图形的映射，就都可以叫做射影变换。

射影变换有两个重要的性质：首先，射影变换使点列变点列，直线变直线，线束变线束，点和直线的结合性是射影变换的不变性；其次，射影变换下，交比不变。交比是射影几何中重要的概念，用它可以说明两个平面点之间的射影对应。

在射影几何里，把点和直线叫做对偶元素，把"过一点作一直线"和"在一直线上取一点"叫做对偶运算。在两个图形中，它们如果都是由点和直线组成，把其中一图形里的各元素改为它的对偶元素，各运算改为它的对偶运算，结果就得到另一个图形。这两个图形叫做对偶图形。在一个命题中叙述的内容只是关于点、直线和平面的位置，可把各元素改为它的对偶元素，各运算改为它的对偶运算的时候，结果就得到另一个命题。这两个命题叫作对偶命题。

这就是射影几何学所特有的对偶原则。在射影平面上，如果一个命题成立，那么它的对偶命题也成立，这叫作平面对偶原则。同样，在射影空间里，如果一个命题成立，那么它的对偶命题也成立，叫作空间对偶原则。

研究在射影变换下二次曲线的不变性质，也是射影几何学的一项重要内容。

如果就几何学内容的多少来说，射影几何学、仿射几何学、欧氏几何学三者中，欧氏几何学的内容最丰富，而射影几何学的内容最贫乏。比如在欧氏几何学里可以讨论仿射几何学的对象（如简比、平行性等）和射影几何学的对象（如四点的交比等），反过来，在射影几何学里不能讨论图形的仿射性质，而在仿射几何学里也不能讨论图形的度量性质。

1872年，德国数学家克莱因在埃尔朗根大学著名的《埃尔朗根计划书》中提出用变换群对几何学进行分类，凡是一种变换，它的全体能组成"群"，就有相应的几何学，而在每一种几何学里，主要研究在相应的变换下的不变量和不变性。

附录七：非欧几里得几何

非欧几里得几何是一门大的数学分支，一般来讲，它有广义、狭义、通常意义这三个方面的不同含义。所谓广义泛指一切和欧几里得几何不同的几何学，狭义的非欧几何只是指罗氏几何来说的，至于通常意义的非欧几何，就是指罗氏几何和黎曼几何这两种几何。

1. 诞生

欧几里得（Euclid，约前330—前275）的《几何原本》提出了五条公设：

公设一：过两点可以作一条直线。

公设二：一条有限直线可以向两端无限延长。

公设三：以任意点为圆心及任意的距离可以作圆。

公设四：凡直角都相等。

公设五：同平面内一条直线和另外两条直线相交，若在直线同侧的两个内角之和小于两直角，则这两条直线经无限延长后在这一侧一定相交。

长期以来，数学家们发现第五公设和前四个公设比较起来，显得文字叙述冗长，而且也不那么显而易见。有些数学家还注意到欧几里得在《几何原本》一书中直到第二十九个命题中才用到，而且之后再也没有使用。也就是说，在《几何原本》中可以不依靠第五公设而推出前二十八个命题。因此，一些数学家提出，第五公设能不能不作为公设而作为定理？能不能依靠前四个公设来证明第五公设？这就是几何发展史上最著名的，争论了长达2000多年的关于"平行线理论"的讨论。

由于证明第五公设的问题始终得不到解决，人们逐渐怀疑证明的路子走得对不对，第五公设到底能不能证明。

到了19世纪20年代，俄国喀山大学教授罗巴切夫斯基（Nikolas

Lvanovich Lobachevsky，1792—1856）在证明第五公设的过程中，选择了另一条路子。他提出了一个和欧式平行公设（第五公设）相矛盾的命题，用它来代替第五公设，然后与欧式几何的前四个公设结合成一个公设系统，展开一系列的推理。他认为如果这个系统为基础的推理中出现矛盾，就等于证明了第五公设。我们知道，这其实就是数学中的反证法。但是，在他极为细致深入的推理过程中，得出了一个又一个在直觉上匪夷所思，但在逻辑上毫无矛盾的命题。最后，罗巴切夫斯基得出两个重要的结论：第一，第五公设不能被证明。第二，在新的公设体系中展开的一连串推理，得到了一系列在逻辑上无矛盾的新的定理，并形成了新的理论。这个理论像欧式几何一样是完善的、严密的几何学。这种几何学被称为罗巴切夫斯基几何，简称罗氏几何。这是第一个被提出的非欧几何学。从罗巴切夫斯基创立的非欧几何学中，可以得出一个极为重要的、具有普遍意义的结论：逻辑上互不矛盾的一组假设都有可能提供一种几何学。

2. 罗氏几何

罗巴切夫斯基几何的公理系统和欧几里得几何不同的地方仅仅是把欧式几何平行公设用"在平面内，从直线外一点，至少可以做两条直线和这条直线平行"来代替，其他公设基本相同。由于平行公设不同，经过演绎推理却引出了一连串和欧式几何内容不同的新的几何命题。

我们知道，罗氏几何除了一个平行公设之外，其他采用了欧式几何的公设。因此，凡是不涉及平行公理的几何命题，如果在欧式几何中是正确的，在罗氏几何中也同样是正确的。在欧式几何中，凡涉及平行公设的命题，在罗氏几何中都不成立，它们都相应地含有新的意义。下面举几个例子加以说明：

（1）欧式几何：

同一直线的垂线和斜线相交。

垂直于同一直线的两条直线互相平行。

存在相似的多边形。

过不在同一直线上的三点有且只有一个圆。

（2）罗氏几何：

同一直线的垂线和斜线不一定相交。

垂直于同一直线的两条直线，当两端延长的时候，离散到无穷。

不存在相似的多边形。

过不在同一直线上的三点，不一定能作一个圆。

从上面所列举的罗氏几何的一些命题可以看到，这些命题和我们所习惯的直观形象有矛盾。所以罗氏几何中的一些几何事实没有像欧式几何那样容易被接受。但是，数学家们经过研究，提出可以用我们习惯的欧式几何中的事实作一个直观"模型"来解释罗氏几何是正确的。

1868 年，意大利数学家贝特拉米（Beltrami，1835—1899）发表了一篇著名论文《非欧几何解释的尝试》，证明非欧几何可以在欧几里得空间的曲面（例如拟球曲面）上实现。这就是说，非欧几何命题可以"翻译"成相应的欧几里得几何命题，如果欧几里得几何没有矛盾，非欧几何也就自然没有矛盾。直到这时，长期无人问津的非欧几何才开始获得学术界的普遍注意和深入研究，罗巴切夫斯基的独创性研究也就由此得到学术界的高度评价和一致赞美，他本人则被人们赞誉为"几何学中的哥白尼"。

3. 黎曼几何

欧氏几何与罗氏几何中关于结合公设、顺序公设、连续公设及合同公设都是相同的，只是平行公设不一样。欧式几何讲"过直线外一点有且只有一条直线与已知直线平行"。罗氏几何讲"过直线外一点至少存在两条直线和已知直线平行"。那么是否存在这样的几何"过直线外一点，不能做直线和已知直线平行"？黎曼几何就回答了这个问题。

黎曼几何是德国数学家黎曼（Riemann，1826—1866）创立的。他在 1851 年所作的一篇论文《论几何学作为基础的假设》中明确地提出另一种几何学的存在，开创了几何学的一片新的广阔领域。

黎曼几何中的一条基本规定是：在同一平面内任何两条直线都有公共点（交点）。在黎曼几何学中不承认平行线的存在，它的另一条公设讲：直线可以无限延长，但总的长度是有限的。黎曼几何的模型是一个经过适当"改进"的球面。

近代黎曼几何在广义相对论里得到了重要的应用。在物理学家爱因斯坦

(Einstein，1879—1955)的广义相对论中的空间几何就是黎曼几何。在广义相对论里，爱因斯坦放弃了关于时空均匀性的观念，他认为时空只是在充分小的空间里以一种近似性而均匀的，但是整个时空却是不均匀的。在物理学中的这种解释，恰恰与黎曼几何的观念是相似的。

此外，黎曼几何在数学中也是一个重要的工具。它不仅是微分几何的基础，也应用在微分方程、变分法和复变函数论等方面。

4. 其他贡献

几乎在罗巴切夫斯基创立非欧几何学的同时，匈牙利数学家鲍耶·雅诺什(Bolgai Janos，1802—1860)也发现了第五公设不可证明和非欧几何学的存在。鲍耶·雅诺什在研究非欧几何学的过程中也遭到了家庭、社会的冷漠对待。他的父亲——数学家鲍耶·法尔卡(Bolgai Farkas，1775—1856)认为研究第五公设是耗费精力劳而无功的蠢事，劝他放弃这种研究，但鲍耶·雅诺什坚持为发展新的几何学而辛勤工作，终于在1832年，在他的父亲的一本著作里，以附录的形式发表了研究结果。高斯(Gauss，1777—1855)也发现第五公设不能证明，并且研究了非欧几何。但是高斯害怕这种理论会遭到当时教会力量的打击和迫害，不敢公开发表自己的研究成果，只是在书信中向自己的朋友表示了自己的看法，也不敢站出来公开支持罗巴切夫斯基、鲍耶·雅诺什他们的新理论。

5. 关系

欧氏几何、罗氏几何、黎曼(球面)几何是三种各有区别的几何。这三种几何各自所有的命题都构成了一个严密的公设体系。每个体系内的各条公理之间没有矛盾。因此这三种几何都是正确的。宏观低速的牛顿物理学中，也就是在我们的日常生活中，所处的空间可以近似看成欧式空间。在涉及广义相对论效应时，时空要用黎曼几何刻画。

6. 分析

根据欧氏几何的五条公设，可以看出，这里所说的"欧氏几何"实际上是平面几何。除平面几何外，还有立体几何。我们通常所学的立体几何，基本也就是空间中点、线、平面的关系，没有涉及曲面。

根据罗氏几何的定义，从直线外一点，至少可以做两条直线和这条直线平行。我们仅需将空间中的平行线，定义为：不相交的两条直线叫罗氏平行线。就可以得到，过直线外一点，可以做任意多条直线和这条直线罗氏平行。同一直线的垂线和斜线不一定相交（可能是罗氏平行线）。垂直于同一直线的两条直线，当两端延长的时候，可能离散到无穷（不在同一平面的两条垂线，线距趋于无限远）。过不在同一直线上的三点，不一定能作一个圆。这个命题在一个特殊模型下成立："过一个曲面上的不在同一条直线上的三个点，不一定能在曲面上做一个'公认'的圆。"但可以在这个曲面上做过这三点的一个平面的投影圆。

  黎曼几何的这个假设我们没有模型：在同一平面内任何两条直线都有公共点（交点）。直线可以无限延长，但总的长度是有限的。这个在球面上是可以应用的。

  此外，曲面上，两点间最短的线称为这两点在该曲面上的直线，则曲面上两点间的直线，可以有多条。如果一个曲面上的线，在一个平面上的投影为一条直线，则称此直线为此曲面关于这个平面的直线，则过曲面上任意两点，能且仅能做关于此平面的一条直线。曲面上三点，不在关于某平面的直线上，则能且仅能做一个关于此平面的圆。

201

附录八：数学年谱

1. 公元前

约公元前 4000 年，中国西安半坡的陶器上出现数字刻符。

公元前 3000 年—前 1700 年，古巴比伦的泥版上出现数学记载。

公元前 2700 年，中国黄帝时代传说隶首做算数之说，大挠发明了甲子。

公元前 2500 年，据中国战国时尸佼著《尸子》记载："古者，倕（注：传说为黄帝或尧时人）为规、矩、准、绳，使天下仿焉。"这相当于已有"圆，方，平，直"等形的概念。

公元前 2100 年，中国夏朝出现象征吉祥的《河图洛书纵横图》，即为"九宫算"，这被认为是现代"组合数学"最古老的发现。美索不达米亚人已有了乘法表，其中使用六十进位制的算法。

公元前 1900 年—前 1600 年，古埃及的纸草书上出现数学记载，已有基于十进制的记数法，将加法简化为乘法的算术、分数计算法。并已有三角形及圆的面积、锥台体积的度量法等。

公元前 1950 年，古巴比伦人能解二个变数的一次和二次方程，且已经知道"勾股定理"。

公元前 1400 年，中国殷代甲骨文卜辞记录已有十进制记数，最大数字是 30000。

公元前 1050 年，在中国的西周时期，"九数"成为"国子"的必修课程之一。

公元前 6 世纪，古希腊泰勒斯发展了初等几何学，开始证明几何命题。古希腊毕达哥拉斯学派认为数是万物的本原，宇宙的组织是数及其关系的和谐体系。证明了勾股定理，发现了无理数，引起了所谓第一次数学危机。印度人求出$\sqrt{2}=1.4142156$。

公元前 462 年左右，古希腊巴门尼德、芝诺等为代表的埃利亚学派指出了在运动和变化中的各种矛盾，提出了飞矢不动等有关时间、空间和数的芝诺悖论。

公元前 5 世纪，古希腊丘斯的希波克拉底研究了以直线及圆弧形所围成的平面图形的面积，指出相似弓形的面积与其弦的平方成正比。开始把几何命题按科学方式排列。

公元前 4 世纪，古希腊欧多克斯把比例论推广到不可公约量上，发现了"穷竭法"。开始在数学上作出以公理为依据的演绎整理。古希腊德谟克利特学派用"原子法"计算面积和体积，一个线段、一个面积或一个体积被设想为由很多不可分的"原子"所组成。提出圆锥曲线，得到了三次方程式的最古老的解法。古希腊亚里士多德等建立了亚里士多德学派，开始对数学、动物学等进行了综合的研究。

公元前 400 年，中国战国时期的《墨经》中记载了一些几何学的义理。

公元前 380 年，古希腊柏拉图学派指出数学对训练思维的作用，研究正多面体、不可公约量。

公元前 350 年，古希腊梅内克缪斯发现三种圆锥曲线，并用以解立方体问题。古希腊色诺克拉底开始编写几何学的历史。古希腊的塞马力达斯开始设定简单方程组。

公元前 335 年，古希腊的欧德姆斯开始编写数学史。

公元前 3 世纪，古希腊欧几里得的《几何原本》十三卷发表，把前人和他本人的发现系统化，确立几何学的逻辑体系，为世界上最早的公理化数学著作。

公元前 3 世纪，古希腊阿基米德研究了曲线图形和曲面体所围成的面积、体积，研究了抛物面、双曲面、椭圆面，讨论了圆柱、圆锥和半球之关系，还研究了螺线。战国时期的中国，筹算成为当时的主要计算方法，《庄子》《考工记》记载有极限概念、分数运算法、特殊角度概念及对策论的例证。

公元前 230 年，古希腊埃拉托色尼提出素数概念，并发明了寻找素数的筛选法。

公元前 3 至前 2 世纪，古希腊的阿波罗尼奥斯发表了《圆锥曲线论》八卷，这是最早关于椭圆、抛物线和双曲线的论著。

公元前 170 年，湖北出现竹简算书《算数书》。

公元前 150 年，古希腊希帕恰斯开始研究球面三角，奠定三角术的基础。

约公元前 1 世纪，中国的《周髀算经》发表。其中阐述了"盖天说"和四分历法，使用分数算法和开方法等。

2. 公元元年—公元 1000 年

公元 50 年—100 年，《九章算术》继西汉张苍、耿寿昌删补校订之后，成书于东汉前期，最终于东汉后期定型，这是中国最早的数学专著，搜集了二百四十六个问题的解法。

公元 75 年，古希腊海伦研究面积、体积计算方法，开方法，提出海伦公式。

1 世纪左右，古希腊的梅涅劳斯发表《球面学》，其中包括球的几何学，并附有球面三角形的讨论。古希腊希隆编撰了关于几何学、计算和力学科目的百科全书。在其中的《度量论》中，以几何形式推算出三角形面积的"希隆公式"。

100 年左右，古希腊的尼寇马克写了《算术引论》一书，此后算术开始成为独立学科。

150 年左右，古希腊的托勒密著《数学汇编》，求出圆周率为 3.14166，并提出透视投影法与球面上经纬度的讨论，这是古代坐标的示例。

3 世纪时，古希腊的丢番图写成代数著作《算术》共十三卷，其中六卷保留至今，解出了许多定和不定方程式。

3 世纪至 4 世纪，**魏晋时期**，中国赵爽在《勾股圆方图注》中列出了关于直角三角形三边之间关系的命题共二十一条。中国刘徽发明"割圆术"，并算得圆周率为 3.1416；著作《海岛算经》，论述了有关测量和计算海岛的距离、高度的方法。

4 世纪时，古希腊帕普斯的几何学著作《数学汇编》问世，这是古希腊数学研究的手册。

约 463 年，中国祖冲之算出了圆周率到第七位小数的近似值，这比西方早了 1000 多年。

466 年—485 年，中国三国时期的《张丘建算经》成书。

5 世纪，印度的阿耶波多著书研究数学和天文学，其中讨论了一次不定方程式的解法、度量术和三角学等，并做正弦表。

550 年，中国南北朝的甄鸾撰《五曹算经》《五经算术》《数术记遗》。

6 世纪，中国六朝时，祖暅提出祖暅原理：若二立体等高处的截面积相等，则二者体积相等。西方直到 17 世纪才发现同一定律，称为卡瓦列利原理。隋代《皇极历法》内，记录了刘焯用"内插法"来计算日、月的正确位置的方法。

620 年，中国唐朝王孝通著《缉古算经》，解决了大规模土方工程中提出的三次方程求正根的问题。

628 年，印度婆罗摩笈多研究了定方程和不定方程、四边形、圆周率、梯形和序列，给出了方程 $ax+by=c$（a，b，c 是整数）的第一个一般解。

656 年，中国唐代李淳风等奉旨著《"十部算经"注释》，作为国子监算学馆的课本。"十部算经"指：《周髀算经》《九章算术》《海岛算经》《张丘建算经》《夏侯阳算经》《五经算术》《缉古算经》《缀术》《五曹算经》《孙子算经》。

727 年，中国唐朝开元年间，僧一行编成《大衍历》，建立了不等距的内插公式。

820 年，阿拉伯阿尔·花剌子模发表了《印度数字算术》，使西欧熟悉了十进位制。

850 年，印度摩珂毗罗提出 0 的运算法则。

约 920 年，阿拉伯阿尔·巴塔尼提出正切和余切概念，造出从 0°到 90°的余切表，用 sinus 标记正弦，证明了正弦定理。

3. 公元 1000 年—1700 年

1000 年—1019 年，中国北宋刘益著《论古根源》，提出了"二次方程式的求根法"。

1050 年，中国宋朝贾宪在《黄帝九章算经细草》中，创造了开任意高次幂的"增乘开方法"，并列出了二项式定理系数表，这是现代"组合数学"的早期发现。后人所称的"杨辉三角"即指此法。

1079 年，阿拉伯奥马尔·海亚姆完成了一部系统研究三次方程的书《代数学》，用圆锥曲线解三次方程。

1086 年—1093 年，中国宋朝沈括在《梦溪笔谈》中提出"隙积术"和"会圆术"，开始高阶等差级数的研究。

11 世纪，阿拉伯阿尔·卡尔希第一次解出了二次方程的根。

11 世纪，埃及阿尔·海赛姆解决了"海赛姆"问题，即要在圆的平面上两点作两条线相交于圆周上一点，并与在该点的法线成等角。

12 世纪，印度拜斯迦罗著《立刺瓦提》一书，这是东方算术和计算方面的重要著作。

1202 年，意大利斐波那契发表《计算之书》，把印度－阿拉伯记数法介绍到西方。

1220 年，意大利斐波那契发表《几何实践》一书，介绍了许多阿拉伯资料中没有的示例。

1247 年，中国宋朝秦九韶著《数书九章》共十八卷，推广了"增乘开方法"。书中提出的联立一次同余式的解法，比西方早 570 余年。

1248 年，中国金元时期李冶著《测圆海镜》十二卷，这是第一部系统论述"天元术"的著作。

1261 年，中国宋朝杨辉著《详解九章算法》，用"垛积术"求出几类高阶等差级数之和。

1274 年，中国宋朝杨辉发表《乘除通变本末》，叙述"九归"捷法，介绍了筹算乘除的各种运算法。

1280 年，中国元朝王恂、郭守敬等在《授时历》中用招差法编制日月的方位表。

14 世纪中叶前，中国开始应用珠算盘，并逐渐代替了筹算。

1303 年，中国元朝朱世杰著《四元玉鉴》三卷，把"天元术"推广为"四元术"。

1464 年，德国约·米勒在《论各种三角形》（1533）中，系统地总结了三角学。

1489年，德国魏德曼在著作中用"＋""－"表示正负。

1494年，意大利帕奇欧里发表《算术集成》，反映了当时所知道的关于算术、代数和三角学的知识。

1514年，荷兰贺伊克用"＋""－"作为加减运算的符号。

1535年，意大利塔尔塔利亚发现三次方程的解法。

1540年，英国雷科德用"＝"表示相等。

1545年，意大利卡尔达诺、费拉里在《大衍术》中发表了求三次方程一般代数解的公式。

1550年—1572年，意大利邦贝利出版《代数学》，其中引入了虚数，完全解决了三次方程的代数解问题。

1585年，荷兰斯蒂文提出分数指数概念与符号；系统导入了十进制分数与十进制小数的意义、计算法及表示法。

1591年左右，德国韦达在《美妙的代数》中首次使用字母表示数字系数的一般符号，推进了代数问题的一般讨论。

1596年，德国的雷蒂卡斯从直角三角形的边角关系上定义了六个三角函数。

1596年—1613年，德国奥脱、皮提斯库斯完成了六个三角函数的每间隔10秒的15位小数表。

1614年，英国纳皮尔制定了对数，做出第一张对数表，做出圆形计算尺、计算棒。

1615年，德国开普勒发表《测量酒桶体积的新几何方法》，研究了圆锥曲线旋转体的体积。

1635年，意大利卡瓦列利发表《用新方法推进连续体不可分量的几何学》，书中避免无穷小量，用不可分量制定了一种简单形式的微积分。

1637年，法国笛卡尔出版《几何学》，提出了解析几何，把变量引进数学，成为"数学中的转折点"。

1638年，法国费马开始用微分法求极大、极小问题。意大利伽利略发表《关于两门新科学的对话》，研究距离、速度和加速度之间的关系，提出了无穷集合的概念，这本书被认为是伽利略重要的科学成就。

1639 年，法国笛沙格发表了《试论圆锥曲线和平面的相交所得结果》的初稿，这是近世射影几何学的早期工作。

1641 年，法国帕斯卡发现关于圆锥曲线内接六边形的"帕斯卡定理"。

1649 年，法国帕斯卡制成帕斯卡计算器，它是近代计算机的先驱。

1654 年，法国帕斯卡、费马研究了概率论的基础。

1655 年，英国沃利斯出版《无穷小算术》一书，第一次把代数学扩展到分析学。

1657 年，荷兰惠更斯发表了关于概率论的早期论文《论赌博中的计算》。

1658 年，法国帕斯卡出版《摆线通论》，对"摆线"进行了充分的研究。

1665 年—1666 年，英国牛顿创立了微积分；1673 年—1676 年，德国莱布尼茨创立了微积分。

1684 年—1686 年德国莱布尼茨发表了微积分；1704 年—1736 年英国牛顿发表了微积分。

1669 年，英国牛顿、拉弗森发明解非线性方程的牛顿－拉弗森方法。

1670 年，法国费马提出"费马大定理"。

1673 年，荷兰惠更斯发表了《摆动的时钟》，其中研究了平面曲线的渐曲线和渐伸线。

1684 年，德国莱布尼茨发表了关于微分法的著作《关于极大、极小以及切线的新方法》。

1686 年，德国莱布尼茨发表了关于积分法的著作。

1691 年，瑞士约翰·伯努利出版《微分学初步》，这促进了微积分在物理学和力学上的应用及研究。

1696 年，法国洛必达发明求不定式极限的"洛必达法则"。

1697 年，瑞士约翰·伯努利利用变分法解决了最速降线问题、等周问题和测地线问题。

4. 公元 1701 年—1800 年

1704 年，英国牛顿发表《三次曲线枚举》《利用无穷级数求曲线的面积和长度》《流数法》。

1711 年，英国牛顿发表《使用级数、流数等的分析》。

1713年，瑞士雅各布·伯努利出版了概率论的第一本著作《猜度术》。

1715年，英国泰勒发表《正的和反的增量方法》。

1731年，法国克雷洛出版《关于双重曲率的曲线的研究》，这是研究空间解析几何和微分几何的最初尝试。

1733年，法国棣莫弗发现正态概率曲线。

1734年，英国贝克莱发表《分析学者》，副标题是"致不信神的数学家"，攻击牛顿的《流数法》，引起所谓第二次数学危机。

1736年，英国牛顿发表《流数法和无穷级数》。

1736年，瑞士欧拉出版《力学或解析地叙述运动的理论》，这是用分析方法发展牛顿的质点动力学的第一本著作。

1742年，英国麦克劳林引进了函数的幂级数展开法。

1744年，瑞士欧拉导出了变分法的欧拉方程，发现某些极小曲面。

1747年，法国达朗贝尔等由弦振动的研究而开创偏微分方程论。

1748年，瑞士欧拉出版了系统研究分析数学的《无穷小分析引论》，这是欧拉的主要著作之一。

1755年—1774年，瑞士欧拉出版了《微分学》和《积分学》三卷。书中包括微分方程论和一些特殊的函数。

1760年—1761年，法国拉格朗日系统地研究了变分法及其在力学上的应用。

1767年，法国拉格朗日发现分离代数方程求实根的方法和求其近似值的方法。

1770年—1771年，法国拉格朗日把置换群用于代数方程式求解，这是群论的开始。

1772年，法国拉格朗日给出三体问题最初的特解。

1788年，法国拉格朗日出版了《解析力学》，把新发展的解析法应用于质点、刚体力学。

1794年，法国勒让德出版流传很广的初等几何学课本《几何学基础》。

1805年，他发表的《计算彗星轨道的新方法》的附录中首先公布了最小二乘法。德国高斯从研究测量误差，提出最小二乘法，于1809年发表。

1797 年，法国拉格朗日发表《解析函数论》，不用极限的概念而用代数方法建立微分学。

1799 年，法国蒙日创立画法几何学，在工程技术中应用颇多。德国高斯证明了代数学的一个基本定理：实系数代数方程必有根。

5. 公元 1800 年—1899 年

1801 年，德国高斯出版《算术研究》，开创近代数论。

1809 年，法国蒙日出版了微分几何学的第一本书《分析在几何学上的应用》。

1812 年，法国拉普拉斯出版《概率分析理论》一书，这是近代概率论的先驱。

1816 年，德国高斯发现非欧几何，但未发表。

1821 年，法国柯西出版《分析教程》，用极限严格地定义了函数的连续、导数和积分，研究了无穷级数的收敛性等。

1822 年，法国的彭赛列系统研究了几何图形在投影变换下的不变性质，创立了射影几何学。法国傅立叶研究了热传导问题，发明用傅立叶级数求解偏微分方程的边值问题，在理论和应用上都有重大影响。

1824 年，挪威阿贝尔证明用根式求解五次方程的不可能性。

1826 年，挪威阿贝尔发现连续函数的级数之和并非连续函数。俄国罗巴切夫斯基和匈牙利雅诺什·鲍耶改变欧几里得几何学中的平行公理，提出非欧几何学的理论。

1827 年—1829 年，德国雅可比、挪威阿贝尔和法国勒让德共同确立了椭圆积分与椭圆函数的理论，在物理、力学中都有应用。

1827 年，德国高斯建立了微分几何中关于曲面的系统理论。德国莫比乌斯出版《重心的计算》，第一次引进齐次坐标。

1830 年，捷克波尔查诺给出一个连续而没有导数的所谓"病态"函数的例子。法国伽罗华在代数方程可否用根式求解的研究中建立群论。

1831 年，法国柯西发现解析函数的幂级数收敛定理。德国高斯建立了复数的代数学，用平面上的点来表示复数，破除了复数的神秘性。

1835 年，法国斯特姆提出确定代数方程式实根位置的方法。

1836年，法国柯西证明解析系数微分方程解的存在性。瑞士史坦纳证明具有已知周长的一切封闭曲线中包围最大面积的图形一定是圆。

1837年，德国狄利克雷第一次给出了三角级数的一个收敛性定理。

1840年，德国狄利克雷把解析函数用于数论，并且引入了"狄利克雷"级数。

1841年，德国雅可比建立了行列式的系统理论。

1844年，德国格拉斯曼研究多个变元的代数系统，首次提出多维空间的概念。

1846年，德国雅克比提出求实对称矩阵特征值的雅可比方法。

1847年，英国布尔创立了布尔代数，在后来的电子计算机设计有重要应用。

1848年，德国库莫尔研究各种数域中的因子分解问题，引进了理想数。英国斯托克斯发现函数极限的一个重要概念——一致收敛，但未能严格表述。

1850年，德国黎曼给出了"黎曼积分"的定义，提出函数可积的概念。

1851年，德国黎曼提出共形映照的原理，在力学、工程技术中应用颇多，但未给出证明。

1854年，德国黎曼建立了更广泛的一类非欧几何学——黎曼几何学，并提出多维拓扑流形的概念。俄国切比雪夫开始建立函数逼近论，利用初等函数来逼近复杂的函数。20世纪以来，由于电子计算机的应用，使函数逼近论有很大的发展。

1856年，德国维尔斯特拉斯确立极限理论中的一致收敛性的概念。

1857年，德国黎曼详细地讨论了黎曼面，把多值函数看成黎曼面上的单值函数。

1868年，德国普吕克在解析几何中引进一些新的概念，提出可以用直线、平面等作为基本的空间元素。

1870年，挪威索菲斯·李发现李群，并用以讨论微分方程的求积问题。德国克朗尼格给出了群论的公理结构，这是后来研究抽象群的出发点。

1872年，德国戴特金、康托、维尔斯特拉斯推进了数学分析的"算术化"，即以有理数的集合来定义实数。德国克莱茵发表了"埃尔朗根纲领"，把每一种几何学都看成是一种特殊变换群的不变量论。

1873 年,法国埃尔米特证明了 e 是超越数。

1876 年,德国维尔斯特拉斯出版《解析函数论》,把复变函数论建立在了幂级数的基础上。

1881 年—1884 年,美国吉布斯制定了向量分析。

1881 年—1886 年,法国的庞加莱连续发表《微分方程所确定的积分曲线》的论文,开创微分方程定性理论。

1882 年,德国林德曼证明了圆周率是超越数。英国亥维赛制定运算微积,这是求解某些微分方程的简便方法,工程上常有应用。

1883 年,德国康托建立了集合论,发展了超穷基数的理论。

1884 年,德国弗莱格出版《数论的基础》,这是数理逻辑中量词理论的发端。

1887 年—1896 年,德国达布尔出版了四卷《曲面的一般理论的讲义》,总结了一个世纪来关于曲线和曲面的微分几何学的成就。

1892 年,俄国李雅普诺夫建立运动稳定性理论,这是微分方程定性理论研究的重要方面。

1892 年—1899 年,法国庞加莱创立自守函数论。

1895 年,法国庞加莱提出同调的概念,开创代数拓扑学。

1899 年,德国希尔伯特的《几何基础》出版,提出欧几里得几何学的严格公理系统,对数学的公理化思潮有很大影响。瑞利等人最早提出基于统计概念的计算方法——蒙特卡诺方法的思想。20 世纪 20 年代德国柯朗、美国冯·诺伊曼等人发展了这个方法,后在电子计算机上获得广泛应用。

6. 公元 1900 年—1960 年

1900 年,德国希尔伯特提出数学尚未解决的二十三个问题,引起了 20 世纪许多数学家的关注。

1901 年,德国希尔伯特严格证明了狄利克莱原理,开创了变分学的直接方法,在工程技术的级拴问题中有很多应用。德国舒尔、弗洛伯纽斯,首先提出群的表示理论。此后,各种群的表示理论得到大量研究。意大利里齐、齐维塔,基本上完成张量分析,又名绝对微分学。确立了研究黎曼几何和相对论的分析工具。法国勒贝格，提出勒贝格测度和勒贝格积分，推广了长度、面积积分的概念。

1903年，英国伯特兰·罗素，发现集合论中的罗素悖论，引发第三次数学危机。瑞典弗列特荷姆，建立线性积分方程的基本理论，是解决数学物理问题的数学工具，并为建立泛函分析作出了准备。

1906年，意大利赛维里，总结了古典代数几何学的研究。法国弗勒锡、匈牙利里斯，把由函数组成的无限集合作为研究对象，引入函数空间的概念，并开始形成希尔伯特空间。这是泛函分析的发源。德国哈尔托格斯开始系统研究多个自变量的复变函数理论。俄国数学家马尔可夫首次提出"马尔可夫链"的数学模型。

1907年，德国寇贝证明复变函数论的一个基本原理——黎曼共形映照定理。美籍荷兰数学家布劳威尔反对在数学中使用排中律，提出直观主义数学。

1908年，德国金弗里斯建立点集拓扑学。德国策梅洛提出集合论的公理化系统。

1909年，德国希尔伯特解决了数论中著名的华林问题。

1910年，德国施坦尼茨总结了19世纪末20世纪初的各种代数系统，如群、代数、域等的研究，开创了现代抽象代数。美籍荷兰人路·布劳威尔发现不动点原理，后来又发现了维数定理、单纯形逼近法、使代数拓扑成为系统理论。

英国伯特兰·罗素与怀特海合著出版《数学原理》三卷，企图把数学归纳到形式逻辑中去，是现代逻辑主义的代表著作。

1913年，法国厄·加当和德国韦耳完成了半单纯李代数有限维表示理论，奠定了李群表示理论的基础。这在量子力学和基本粒子理论中有重要应用。德国韦耳研究黎曼面，初步产生了复流形的概念。

1914年，德国豪斯道夫提出拓扑空间的公理系统，为一般拓扑学建立了基础。

1915年，美国和瑞士双国籍的德国人爱因斯坦和德国卡·施瓦茨西德把黎曼几何用于广义相对论，解出球对称的场方程，从而可以计算水星近日点的移动等问题。

1918年，英国哈台、立笃武特应用复变函数论方法来研究数论，建立解析数论。丹麦人爱尔兰为改进自动电话交换台的设计，提出排队论的数学理论。匈牙利里斯促使了希尔伯特空间理论的形成。

1919年，德国亨赛尔建立 P-adic 数论，这在代数数论和代数几何中有重要用。

1922年，德国希尔伯特提出数学要彻底形式化的主张，创立数学基础中的形式主义体系和证明论。

1923年，法国厄·加当提出一般联络的微分几何学，将克莱因和黎曼的几何学观点统一起来，是纤维丛概念的发端。法国阿达玛提出偏微分方程适定性，解决二阶双曲型方程的柯西问题。波兰巴拿哈提出更广泛的一类函数空间——巴拿哈空间的理论。美国诺·维纳提出无限维空间的一种测度——维纳测度，这对概率论和泛函分析有一定作用。

1925年，丹麦哈·波尔创立概周期函数。英国费歇尔以生物、医学试验为背景，开创了"试验设计"（数理统计的一个分支），也确立了统计推断的基本方法。

1926年，德国诺特大体上完成了对近世代数有重大影响的理想理论。

1927年，美国毕尔霍夫建立动力系统的系统理论，这是微分方程定性理论的一个重要方面。

1928年，美籍德国人理·柯朗提出解偏微分方程的差分方法。美国哈特莱首次提出通信中的信息量概念。德国格罗许、芬兰阿尔福斯、苏联拉甫连捷夫提出拟似共形映照理论，这在工程技术上有一定应用。

1930年，美国毕尔霍夫建立格论，这是代数学的重要分支，对射影几何、点集论及泛函分析都有应用。美籍匈牙利人冯·诺伊曼提出自伴算子谱分析理论并应用于量子力学。

1931年，瑞士德拉姆发现多维流形上的微分型和流形的上同调性质的关系，给拓扑学以分析工具。奥地利哥德尔证明了公理化数学体系的不完备性。苏联柯尔莫哥洛夫和美国费勒发展了马尔可夫过程理论。

1932年，法国亨·嘉当解决多元复变函数论的一些基本问题。美国毕尔霍夫、美籍匈牙利人冯·诺伊曼建立各态历经的数学理论。法国赫尔勃兰特、奥地利哥德尔、美国克林建立递归函数理论，这是数理逻辑的一个分支，在自动机和算法语言中有重要应用。

1933年，匈牙利奥·哈尔提出拓扑群的不变测度概念。苏联柯尔莫哥洛夫提出概率论的公理化体系。美国诺·维纳、丕莱制订复平面上的傅立叶变式理论。

1934年，美国莫尔斯创建大范围变分学的理论，为微分几何和微分拓扑提供了有效工具。美国道格拉斯等解决极小曲面的基本问题——普拉多问题，即求通过给定边界而面积为最小的曲面。苏联的辛钦提出平稳过程理论。

1935年，波兰霍勒维奇等在拓扑学中引入同伦群，成为代数拓扑和微分拓扑的重要工具。法国龚贝尔开始研究产品使用寿命和可靠性的数学理论。

1936年，德国寇尼克系统地提出与研究图的理论，美国贝尔治等对图的理论有很大的发展。50年代以后，由于在博弈论、规划论、信息论等方面的发展，而得到广泛应用。在荷兰范德凡尔登、法国外耳、美国查里斯基、意大利培·塞格勒等的努力下，现代的代数几何学开始形成。英国图灵，美国邱吉、克林等提出理想的通用计算机概念，同时建立了算法理论。美籍匈牙利人冯·诺伊曼建立算子环论，可以表达量子场论数学理论中的一些概念。苏联索波列夫提出偏微分方程中的泛函分析方法。

1937年，美国怀特尼证明微分流形的嵌入定理，这是微分拓扑学的创始。苏联彼得洛夫斯基提出偏微分方程组的分类法，得出某些基本性质。瑞士克拉默开始系统研究随机过程的统计理论。

1938年，法国布尔巴基学派编著的布尔巴基丛书"数学原本"开始出版，企图从数学公理结构出发，以非常抽象的方式叙述全部现代数学。

1940年，美国哥德尔证明连续统假说在集合论公理系中的无矛盾性。英国绍司威尔提出求数值解的松弛方法。苏联盖尔方特提出交换群调和分析的理论。

1941年，美国霍奇定义了流形上的调和积分，并用于代数流形，成为研究流形同调性质的分析工具。苏联谢·伯恩斯坦、日本伊藤清开始建立马尔可夫过程与随机微分方程的联系。苏联盖尔芳特创立赋范环理论，主要用于群上调和分析和算子环论。

1942 年，美国诺·维纳、苏联柯尔莫哥洛夫开始研究随机过程的预测，滤过理论及其在火炮自动控制上的应用，由此产生了"统计动力学"。

1943 年，中国林士谔提出求代数方程数字解的林士谔方法。

1944 年，美籍匈牙利人冯·诺伊曼等建立了对策论，即博弈论。

1945 年，法国许瓦茨推广了古典函数概念，创立广义函数论，对微分方程理论和泛函分析有重要作用。美籍华人陈省身建立代数拓扑和微分几何的联系，推进了整体几何学的发展。

1946 年，美国莫尔电子工程学校和宾夕法尼亚大学埃克特、莫希莱等人试制成功第一台电子计算机 ENIAC。法国外耳建立现代代数几何学基础。中国华罗庚发展了三角和法研究解析数论。苏联盖尔芳特、诺依玛克建立罗伦兹群的表示理论。

1947 年，美国埃·瓦尔特创立统计的序贯分析法。

1948 年，英国阿希贝造出稳态机，能在各种变化的外界条件下自行组织，以达到稳定状态。鼓吹这是人造大脑的最初雏型、机器能超过人等观点。美国诺·维纳出版《控制论》，首次使用"控制论"一词。美国申农提出通信的数学理论。美籍德国人弗里得里希斯、理·柯朗总结了非线性微分方程在流体力学方面的应用，推进了这方面的研究。波兰爱伦伯克、美国桑·麦克伦提出范畴论，这是代数中一种抽象的理论，企图将数学统一于某些原理。苏联康脱洛维奇将泛函分析用于计算数学。

1949 年，英国剑桥大学制成第一台通用电子管计算机 EDSAC。开始确立电子管计算机体系，通称第一代计算机。

1950 年，英国图灵发表《计算机和智力》一文，提出机器能思维的观点。美国埃·瓦尔特提出统计决策函数的理论。英国大·杨提出解椭圆形方程的超松弛方法，这是目前电子计算机上常用的方法。美国斯丁路特、美籍华人陈省身、法国艾勒斯曼共同提出纤维丛的理论。

1951 年，美国霍夫曼、马·霍尔等大力发展"组合数学"，并应用于试验设计、规划理论、网络理论、信息编码等。

1952 年，美国蒙哥马利等证明连续群的解析性定理，即希尔伯特第五问题。

1953 年，美国基费等提出优选法，并先后发展了多种求函数极值的方法。

1955 年，法国亨·加当、格洛辛狄克，波兰爱伦伯克制定同调代数理论。美国隆姆贝格提出求数值积分的隆姆贝方法，这是目前电子计算机上常用的一种方法。瑞典荷尔蒙特等制定线性偏微分算子的一般理论。美国拉斯福特等提出解椭圆形或双线型偏微分方程的交替方向法。英国罗思解决了代数的有理迫近问题。

1956 年，提出统筹方法（又名计划评审法），是一种安排计划和组织生产的数学方法。美国杜邦公司首先采用。英国邓济希等提出线性规划的单纯形方法。苏联道洛尼钦提出解双曲型和混合型方程的积分关系法。

1957 年，苏联庞特里雅金发现最优控制的变分原理。美国贝尔曼创立动态规划理论，它是使整个生产过程达到预期最佳目的的一种数学方法。美国罗森伯拉特等以美国康纳尔实验室的"感知器"的研究为代表，开始迅速发展图象识别理论。

1958 年，欧洲 GAMM 小组，美国 ACM 小组创立算法语言 ALGOL（58），后经改进又提出 ALGOL（60），ALGOL（68）等算法语言，用于电子计算机程序自动化。中国科学院计算技术研究所试制成功中国第一台通用电子计算机。

1959 年，美国国际商业机器公司制成第一台晶体管计算机"IBM 7090"，第二代计算机——半导体晶体管计算机开始迅速发展。

1959 年—1960 年，法国霍昆亥姆、美国儿·玻色、印度雷·可都利等提出伽罗华域论在编码问题上开始应用，并发明 BCH 码。

1960 年，美国匈牙利裔的卡尔曼提出数字滤波理论，进一步发展了随机过程在制导系统中的应用。苏联克雷因、美国顿弗特建立非自共轭算子的系统理论。

后 记

《高中数学史辑成》的如期出版，我感到无比的自豪和兴奋。在任教三十年之际，能够完成这件一直以来梦寐以求的事，也算完成自己的一份夙愿。

数学史的学习是我喜欢和倡导的。在共情课堂教学中，挖掘现行高中数学教材中的数学史以及所蕴含的数学思想、精神、数学家的贡献等，有利于帮助老师改进数学教学方式，丰富课堂内容，明晰数学知识的发展脉络，进一步提升数学课堂教学质量；有助于学生加深对数学的理解，激发学习数学的兴趣，开拓学生学习视野，发展学生数学核心素养，培养学生思维方式，提高学生的理性精神。

此外，渗透数学史，有利于消除学生对数学"难"、"枯燥"、"复杂"等刻板印象，更好地发挥数学文化的德育价值、美育价值和思维训练价值。数学是中华优秀传统文化教育的载体，适量选择我国数学家的人物故事、成就，感悟中华民族的智慧与创造，培养学生勇于探索、自强不息的精神，坚定文化自信，增强民族自豪感。

2022年8月起，我受组织委派，到祖国西部宝地——宁夏，从事国家乡村振兴重点帮扶县教育人才"组团式"帮扶工作。此书的出版也算是为此项东西部协作和帮扶工作，尤其为宁南地区包括我所在的固原市第五中学的数学教师、学生做一件力所能及的事。

在本书成稿和出版过程中，福建省连江黄如论中学数学组"新课程背景下高中数学史融入模块教学的实践研究"课题团队的全体成员、宁夏回族自治区中小学名师林相工作室申报宁夏第七届基础教育教学课题"'四新'背景下数学史融入高中数学教学的实践研究"的全体成员的资料收集、整理。福建省连江第一中学郑义秀老师、福建教育出版社沈群编审、梁怡婷编辑对本书出版给予大力的指导、审校和帮助。在此，我向他们表示由衷的感谢！

2024 年 5 月